1 BACKBLECH
25 EXPERIMENTE

Liz Lee Heinecke

1 BACKBLECH 25 EXPERIMENTE

Sauber, schnell, spannend: Wissenschaft am Küchentisch.

Auf- und Abbauzeit nur 5 Minuten

Impressum

Originalausgabe unter dem Titel *Sheet Pan Science* erschienen bei:

Design und Layout: Laura Klynstra
Fotos: Amber Procaccini Photography
Illustration von Liz Lee Heinecke: Mattie Wells

Für die deutsche Ausgabe:
Produktmanagement: Lena Denu
Übersetzung: Annika Genning
Lektorat: Susen Truffel-Reiff
Satz: satz & repro Grieb, München
Umschlaggestaltung: Ina Zimmermann
Herstellung: Kathleen Baumann
Printed in China

★★★★★

Sind Sie mit diesem Titel zufrieden? Dann würden wir uns über Ihre Weiterempfehlung freuen. Erzählen Sie es im Freundeskreis, berichten Sie Ihrem Buchhändler oder bewerten Sie bei Onlinekauf. Und wenn Sie Kritik, Korrekturen, Aktualisierungen haben, freuen wir uns über Ihre Nachricht an: Christian Verlag, Postfach 40 02 09, D-80702 München oder per E-Mail an lektorat@verlagshaus.de.

Unser komplettes Programm finden Sie unter

www.christophorus-verlag.de

Die Deutsche Nationalbibliothek verzeichnet diese Publikation in der Deutschen Nationalbibliografie; detaillierte bibliografische Daten sind im Internet über https://www.dnb.de/ abrufbar.

ISBN 978-3-8411-0289-8

MIX
Papier aus verantwortungsvollen Quellen
FSC® C016973

Kreativ-Service

Sie haben Fragen zu den Büchern und Materialien? Frau Erika Noll ist für Sie da und berät Sie rund um alle Kreativthemen. Rufen Sie an! Wir interessieren uns auch für Ihre eigenen Ideen und Anregungen. Sie erreichen Frau Noll per E-Mail: kreativ-service@c-verlag.de oder Tel.: +49 (0) 89 13 06 99-577

Besuchen Sie uns im Internet: **www.christophorus-verlag.de** und **www.selbstgemacht.de**

DIESES BUCH IST FÜR JEDES

KIND, DAS IN DIESEN

HERAUSFORDERNDEN ZEITEN

AUFWÄCHST. EUER MUT

UND HUMOR, EURE KREATIVITÄT

UND WIDERSTANDSFÄHIGKEIT

WERDEN EUCH WEIT BRINGEN.

WIR SIND STOLZ AUF EUCH.

INHALT

EINLEITUNG

Kinder und Naturwissenschaften gehen eine magische Verbindung ein. Die wissenschaftliche Forschung braucht die Neugier, und Kinder sind dafür prädestiniert. Außerdem richten die meisten Kinder gern mal ein Chaos an, was die Wissenschaft ebenfalls gut kann.

Hier kommt das Backblech ins Spiel, das mit seinem kleinen Rand perfekt ist für Versuche, bei denen gern mal was überläuft. Mithilfe dieses Blechs können junge Wissbegierige ganz einfach eine Menge naturwissenschaftlichen Spaß haben, während das Klecker-Blubber-Chaos aufs Blech begrenzt bleibt. Für die nachfolgenden Experimente eignet sich ein tiefes Backblech von etwa 33 x 46 cm.

In diesem Buch gibt es 25 tolle Projekte, bei denen die Kinder auf spielerische Weise naturwissenschaftliche Konzepte kennenlernen. Darunter: Oberflächenspannung, Dichte und Kapillarwirkung. Und das alles mit Haushaltsgegenständen. Jedes Projekt umfasst einfache Instruktionen, eine gut verständliche Erklärung des naturwissenschaftlichen Effekts und Schritt-für-Schritt-Anleitungen inklusive Fotos. Zwar kommt manchmal ein Herd oder ein Gefrierschrank zum Einsatz, doch die meisten Schritte des Experiments lassen sich direkt auf dem Blech ausführen. Zu jedem Versuch gibt es zudem einen Hinweis auf seine Schwierigkeit und das zu erwartende Chaos.

Kinder lernen besser, wenn sie etwas spielerisch ausprobieren und auch mal dabei kleckern können. Das Mischen von Farben, Aufschäumen von chemischen Blubber-Reaktionen und Spielen mit Glibber sind visuelle und greifbare Erfahrungen, die dauerhafte Erinnerungen in Kindern hinterlassen. So können sie lernen, wie sie Probleme lösen. Zusätzlich ermutigen sie naturwissenschaftliche Experimente, neugierig auf das Wunderbare in unserem Leben zu sein. Ein Backblech und dazu ein paar einfache Hilfsmittel lassen jede Küchenarbeitsplatte im Handumdrehen zu einem Labortisch voller wissenschaftlichem Spaß werden.

Die Projekte in diesem Buch decken ein breites Spektrum an Interessen ab. Manche Kinder lieben es, ihre Hände in Maisstärkekleister zu stecken, andere haben Spaß daran, Batik-Milch herzustellen. Mithilfe einer Zitrone können angehende Geologen Gesteinssammlungen daraufhin untersuchen, ob sie Kalkstein enthalten. Künstlerisch Begabte können sich für das Färben von Stoffen oder Blätterdruck begeistern, während zukünftige Kochprofis mit essbaren Experimenten spielen können.

Schnappt euch also ein Backblech und ein paar einfache Hilfsmittel und lasst eure Neugier übersprudeln!

SPRUDELNDES

Bläschen, Steine und Eisvulkane

Vor etwa 2500 Jahren schufen die antiken Griechen das Wort »Atom«, was so viel wie »nicht teilbar/unzerschneidbar« bedeutet. Heute bezeichnen wir Atome als die kleinstmöglichen Teile aller Dinge in unserem Universum. Atome sind die Bausteine von allem, was wir mit unseren Sinnen (Sehen, Fühlen, Schmecken und Riechen) wahrnehmen können. Die chemischen Elemente sind pure Substanzen, die nur aus einer Art von Atomen bestehen. Beispiele: Kohlenstoff, Silber oder Helium.

Eine **chemische Verbindung** kombiniert zwei oder mehr chemische Elemente; sie werden durch unsichtbare Bindungen zusammengehalten. Diese können aufgebrochen werden, es können sich neue Kombinationen bilden – je nachdem, welche Chemikalien in der Nähe sind. Wenn man zwei oder mehr chemische Substanzen miteinander vermischt und sich die Komponenten neu verbinden, entsteht eine **chemische Reaktion**, wie es in der Wissenschaft heißt.

In diesem Kapitel findet ihr Experimente, bei denen ihr mit chemischen Verbindungen spielen dürft. Es geht unter anderem um Natron, Essig, Zitronensäure und Waschmittel. Dabei werdet ihr Flüssiges, Festes und Gasförmiges erforschen. Ihr werdet auch mit chemischen Reaktionen experimentieren können, die Blasen bilden und Farbveränderungen verursachen, und dabei etwas über einige der chemischen Verbindungen lernen, mit denen ihr jeden Tag zu tun habt.

VERSUCH 1

EISKUGEL-VULKANE

CHAOSFAKTOR *mittel*

SCHWIERIGKEIT *niedrig*

Löst eine sprudelnde chemische Reaktion in hohlen Eiskugeln aus.

HILFSMITTEL

- Wasser
- Luftballons
- Backblech
- Schere
- 55 g Natron pro Eiswürfel
- Lebensmittelfarbe nach Wahl
- kleine Einmachgläser oder Glasschälchen
- 120–240 ml Essig pro Eiswürfel

SICHERHEITSHINWEISE UND TIPPS

* Friert, wenn möglich, lieber gleich mehrere Luftballons ein, denn einige werden besser einfrieren als andere, da die Luft im Gefrierschrank nicht gleichmäßig zirkuliert. Einige Eiskugeln können auch platzen, wenn ihr das Wasser herausgießt.
* Im Winter und bei Minusgraden die Luftballons einfach draußen gefrieren lassen.
* Vielleicht muss ein Erwachsener helfen, die Löcher in die Eiskugeln zu kratzen, wenn ihr sie aus dem Gefrierschrank holt. Sicherlich braucht es ein paar Versuche zum Einfrieren, bis die Eisdicke stimmt.

ANLEITUNG

1. Haltet einen Luftballon in der Küche unter den Wasserhahn und füllt ihn mit so viel Wasser, dass er 10–12 cm im ø dick ist. Verknoten und den Ballon in den Gefrierschrank legen. So mehrere Ballons vorbereiten; sie sollten sich beim Einfrieren nicht berühren. **ABB. 2.**
2. Von Zeit zu Zeit die Luftballons kontrollieren und leicht antippen. Wenn ihr eine feste und gefrorene Schicht fühlen könnt, holt ihr die Luftballons aus dem Gefrierschrank.
3. Legt einen Ballon auf das Backblech (oder in die Spüle) und schneidet mithilfe einer Schere das Gummi des Luftballons weg.
4. An der dünnsten Stelle das Eis mit einem Loch versehen. Hierbei kann ein Erwachsener helfen, wenn das Eis zu hart ist.
5. Durch das Loch das Wasser in der Mitte der Eiskugel ausgießen. Die Eiskugel auf Löcher überprüfen und wieder in den Gefrierschrank legen. **ABB. 3.**
6. Ist das Wasser gleichmäßig gefroren, ist eine Hohlkugel entstanden, in die ihr Wasser gießen könnt, ohne dass etwas heraustropft. Anderenfalls einen erneuten Versuch mit einem anderen Ballon etwa eine Stunde später machen.
7. Wenn ihr ein paar solcher Eiskugeln im Gefrierschrank vorbereitet habt, mischt ihr die »Lavamischung« in einem Glas an: 2 EL (30 ml) Wasser, 55 g Natron und einige Tropfen Lebensmittelfarbe. Pro Eiskugel eine dieser Mischungen vorbereiten. **ABB. 4.**
8. Auf eurem Backblech nun kleine Einmachgläser oder Glasschälchen verteilen, darauf kommen die Eiskugeln mit dem Loch nach oben.
9. Füllt jede Kugel mit einer Lavamischung. **ABB. 5.**
10. Den Essig in einen Krug oder Messbecher füllen.
11. Nun kommt der Vulkanausbruch: Gießt dafür 120–240 ml Essig in jede Eiskugel. **ABB. 6.**
12. Wenn nach dem ersten Ausbruch noch etwas von der Lavamischung übrig geblieben ist, noch mehr Essig in die Eiskugeln verteilen. So blubbern erneut Kohlendioxidblasen auf. **ABB. 7.**
13. Und noch einmal von vorn – dieses Mal mit anderen Farben. **ABB. 8.**

DIE WISSENSCHAFT HINTER DEM SPAß

Wasser in einem Luftballon friert von außen nach innen. Das Wasser an der Oberfläche friert also zuerst, wenn der Gefrierpunkt (0 °C) erreicht wird. So entsteht eine Hülle um das Flüssige in der Mitte. Bleiben die Luftballons ganz lange im Gefrierschrank, wird das gesamte Wasser zu Eis.

Chemische Reaktionen treten auf, wenn zwei oder mehr chemische Elemente kombiniert werden und eine neue chemische Substanz ergeben. Häufig kann man chemische Reaktionen leicht erkennen, weil sich die Temperatur oder die Farbe verändert, oder auch anhand von Gerüchen oder Bläschen. In den Eiskugeln ergibt die Verbindung aus Natron und Essig eine **chemische Reaktion**. Ein Erzeugnis dieser Reaktion ist Kohlenstoffdioxid (CO_2) – was auch bei Vulkanausbrüchen in der Natur austritt. Wenn sich in den Eiskugeln nur ein kleines Loch befindet und der Druck groß genug wird, könnt ihr sogar sehen, wie ein paar CO_2-Blasen durch die Luft geschleudert werden.

ABB. 1 Hilfsmittel

ABB. 2 Füllt die Luftballons mit Wasser und friert sie ein, bis hohle Eiskugeln entstanden sind.

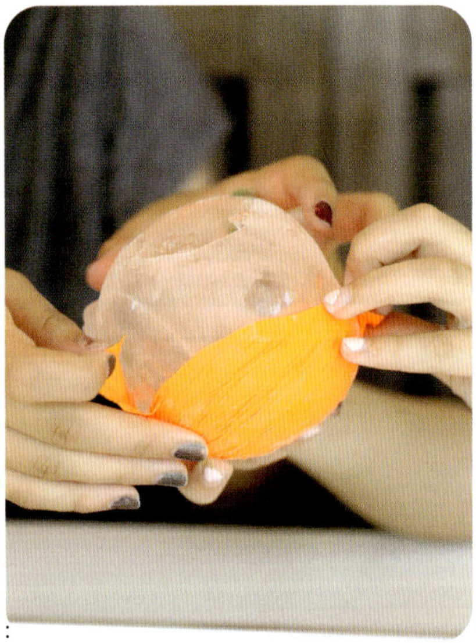

ABB. 3 Entfernt das Ballongummi und gießt das noch flüssige Wasser aus.

ABB. 4 Vermischt Wasser, Natron und Lebensmittelfarbe.

ABB. 5 Gießt diese Mischung in eine Eiskugel.

ABB. 6 Gießt Essig in die Eiskugel.

ABB. 7 Und noch mehr Essig!

ABB. 8 Wiederholt das Experiment mit weiteren Farben.

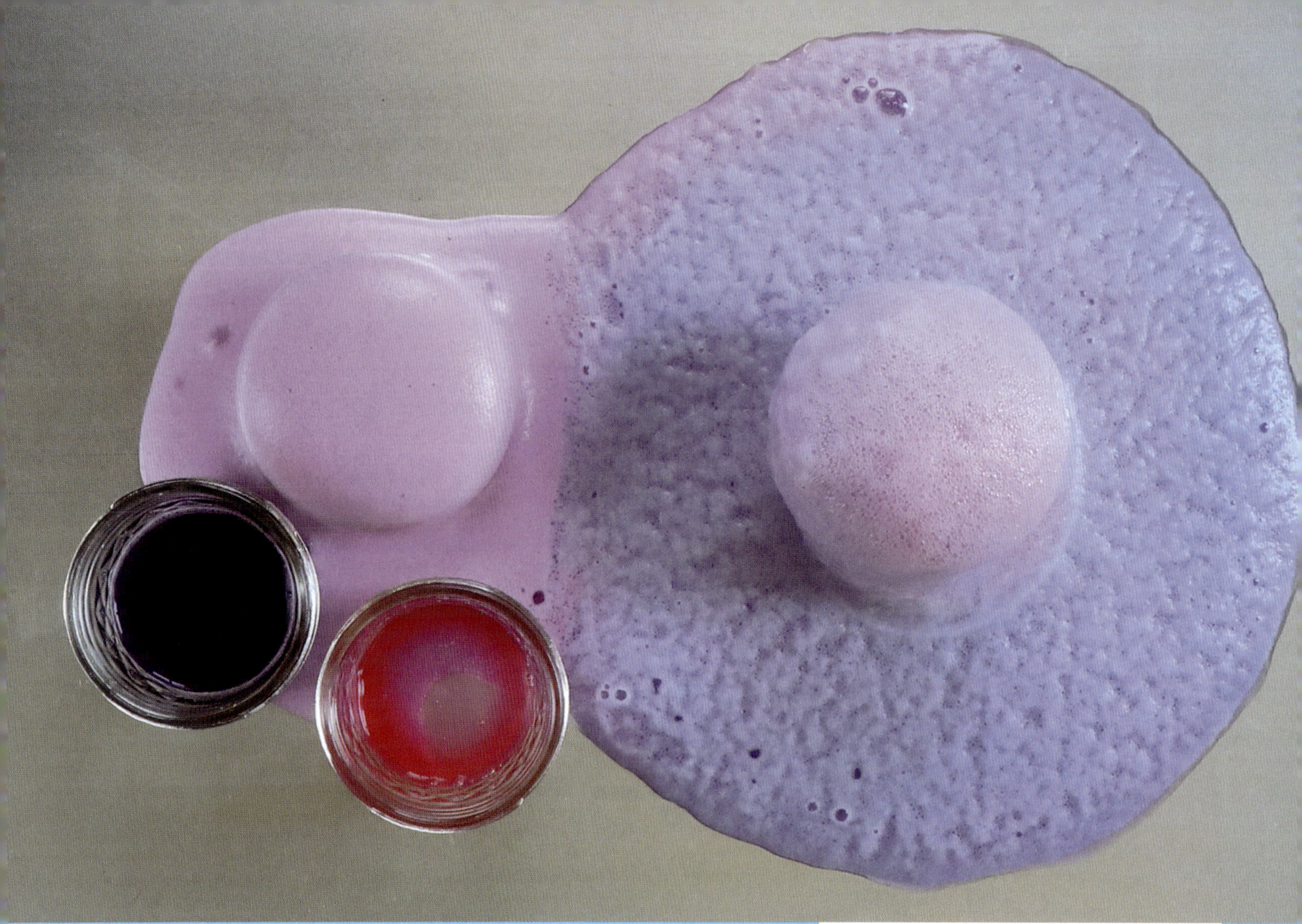

VERSUCH 2
ZAUBERTRANK

Stellt aus Rotkraut und Wasser eine pH-empfindliche Lösung her. In Kombination mit Backpulver und Essig verändert sich die Farbe und es entsteht ein herrlicher Blubbertrank.

CHAOSFAKTOR *mittel*

SCHWIERIGKEIT *niedrig*

HILFSMITTEL

½ Kopf Rotkohl
Wasser
Behälter (durchsichtige Becher oder Gläser)
Backblech
½ TL (2 g) Natron
60 ml Essig

SICHERHEITSHINWEISE UND TIPPS

Der Essig darf nicht in eure Augen spritzen, das brennt nämlich.

ANLEITUNG

1. Die Rotkohlhälfte grob hacken und in einen Standmixer geben.
2. Den Rotkohl mit Wasser bedecken und mixen (ohne Mixer den Kohl alternativ in Wasser kochen und das eingefärbte Kochwasser auffangen). **ABB. 2.**
3. Die Rotkohlmischung durch ein Sieb geben und das Flüssige beiseitestellen. Entsorgt feste Bestandteile oder kocht am besten etwas daraus. **ABB. 3.**
4. Stellt auf das Backblech zwei durchsichtige Becher oder Gläser. In jeden Behälter etwa 60 ml Rotkohlwasser füllen. **ABB. 4.**
5. In einen Behälter das Natron rühren. Achtet auf die Veränderung der Farbe. **ABB. 5.**
6. Gießt in den anderen Behälter den Essig. **ABB. 6.**
7. Nun die rosafarbene Essigmischung in die blaue Natronmischung gießen und so eine chemische Reaktion hervorrufen. Es entsteht Kohlenstoffdioxid. **ABB. 7.**
8. Fühlt am Behälter, ob es auch eine Veränderung der Temperatur bei dieser chemischen Reaktion gab. **ABB. 8.**

DIE WISSENSCHAFT HINTER DEM SPAß

Chemikalien machen unsere Welt bunt; auch viele Pflanzen enthalten strahlend bunte chemische Verbindungen. Rotkohl zum Beispiel enthält **Anthocyanine**. Sie können ihre Farbe je nach Umgebung verändern.

Die Anthocyanine in Rotkohl sehen in Wasser, das weder sauer noch basisch ist, violett aus. Doch wenn man den Rotkohl in eine Mischung mit hohem pH-Wert gibt (eine Base), dann wird er blau oder grün. In einer Lösung mit niedrigem pH-Wert (eine Säure) wird Rotkohl knallrosa. Wegen ihrer hohen pH-Empfindlichkeit und dieser besonderen Eigenschaft des Farbwechsels werden Anthocyanine auch **Säure-Basen-Indikatoren** genannt.

Dinge erscheinen in dieser oder jener Farbe, weil Moleküle in den Objekten bestimmte Wellenlängen des Lichts absorbieren und andere reflektieren. Anthocyanine ändern ihre Struktur in unterschiedlichen chemischen Umgebungen. Dadurch nehmen sie Lichtwellen anders auf und verändern so ihre Farbe.

ABB. 1 Hilfsmittel

ABB. 2 Mixt Rotkohl mit Wasser.

ABB. 3 Passiert den Rotkohl durch ein Sieb..

ABB. 4 Teilt das aufgefangene Wasser in zwei Behälter auf.

ABB. 5 Rührt in einen Behälter Natron ...

ABB. 6 ... und in den anderen Essig.

ABB. 7 Gießt die rosafarbene Mischung in die blaue.

ABB. 8 Beobachtet die chemische Reaktion und prüft die Temperaturveränderung.

VERSUCH 3

GEOLOGISCHER SPRUDELTEST

CHAOSFAKTOR	SCHWIERIGKEIT
niedrig	*niedrig*

Untersucht mit einer Lupe, Zitronensaft und Essig Steine auf ihren Kalkgehalt.

HILFSMITTEL

mehrere Steine
Backblech
Lupe
Centstück
1 Zitrone
Büroklammer
Pipette
Magnete (optional)
Essig
Becher oder Gläser
Bestimmungsbuch für Mineralien, Webseite oder App (optional)
Notizheft oder -karten

SICHERHEITSHINWEISE UND TIPPS

Die Website nasa.gov enthält tolle Artikel zum Kennenlernen von Steinen auf unserem und anderen Planeten.

ANLEITUNG

1. Verteilt die Steine auf dem Backblech. **ABB. 2.**
2. Wo habt ihr die Steine gefunden: Gab es dort geologische Strukturen wie Hügel, Täler, Kliffs und Abhänge, Flussufer oder Seen in der Nähe?
3. Betrachtet jeden der Steine ganz genau unter der Lupe. **ABB. 3.**
4. Sortiert die Steine in Gruppen: nach ähnlichen Farben, Formen, Größen und Oberflächen.
5. Probiert mal, ob ihr mithilfe eines Centstücks etwas von den Steinen abkratzen könnt. **ABB. 4.**
6. Die Zitrone in eine kleine Schüssel auspressen.
7. Mithilfe des Endes einer Büroklammer die Steine ankratzen, sodass die Mineralschicht sichtbar wird. **ABB. 5.**
8. Tropft mithilfe der Pipette etwas Zitronensaft auf diese Stelle und schaut durch die Lupe, ob sich Bläschen bilden. Wenn ja, enthält der Stein wahrscheinlich Kalk. **ABB. 6.**
9. Den Stein mithilfe eines Magnets testen: Vielleicht enthält er magnetisches Material.
10. Legt einen Stein mit Kalkgehalt in einen Behälter mit Essig, damit sich der Kalk auflöst. **ABB. 7–8.**
11. Versucht mithilfe eines Buches, einer Webseite oder App die Steine zu identifizieren. Notiert eure Erkenntnisse in einem Notizheft oder auf Karten.

DIE WISSENSCHAFT HINTER DEM SPAẞ

Die Erde ist eine riesige Kugel aus Stein, und das schon seit viereinhalb Milliarden Jahren. Sie besteht hauptsächlich aus vier Bestandteilen: einem festen inneren Kern, einem geschmolzenen äußeren Kern, einer ummantelnden Gesteinsschicht und einer dünneren äußeren Kruste, die auf der Mantelschicht schwimmt. Berge und Täler entstehen, wenn riesige Teile der Kruste, die **tektonischen Platten**, zusammenstoßen oder auseinanderdriften. Die meisten Steine in der Natur wurden von Wetter, Wasser oder geologischer Aktivität an die Oberfläche gebracht. Gesteinsschichten können uns also etwas über die Erdgeschichte erzählen.

Mineralien sind besondere chemische Elemente oder Verbindungen in Steinen. Aus ihnen besteht unser Planet. Zwei unterschiedliche Mineralien können aus ähnlichen Chemikalien bestehen, sich aber äußerlich nicht ähneln. Einige Mineralien sind jedoch härter als andere, was hilfreich für ihre Bestimmung ist. Steine kann man aneinander reiben, um zu erkennen, welche aus härterem Material sind. Außerdem könnt ihr mit einem Centstück kontrollieren, ob der Stein aus Mineralien besteht, die härter sind als der Kupfer des Cents.

Kalk kommt häufig vor und besteht aus den Mineralien Kalkspat und Aragonit, kristalline Formen von Kalziumkarbonat. Fügt man ihm Zitronensäure oder Essig hinzu, kommt es zu einer chemischen Reaktion, bei der sich das Gestein auflöst. Dabei entstehen Kohlendioxid-Bläschen.

ABB. 1 Hilfsmittel

ABB. 2 Verteilt die Steine auf dem Backblech.

ABB. 3 Untersucht die Steine unter der Lupe.

ABB. 4 Kontrolliert die Härte der Steine mithilfe eines Centstücks.

ABB. 5 Kratzt die Steine mithilfe einer Büroklammer an und tröpfelt Zitronensaft auf die Stelle.

ABB. 6 Haltet Ausschau nach Kohlendioxid-Bläschen als Hinweis auf Kalkgehalt.

ABB. 7 Legt einen kalkhaltigen Stein in Essig.

ABB. 8 Während sich der Kalk im Essig auflöst, entstehen Bläschen.

VERSUCH 4

GEOMETRISCHE SEIFENBLASEN

CHAOSFAKTOR	SCHWIERIGKEIT
mittel	*mittel*

Formt mithilfe eines speziellen Bläschenwassers und Stäbchen pyramiden- und würfelförmige Seifenblasen.

HILFSMITTEL

Backblech
64 g Maisstärke
1,5 l destilliertes oder gereinigtes Wasser
1 EL (15 ml) Glyzerin (alternativ Maissirup)
1 EL (14 g) Natron
120 ml Spülmittel
Plastikstrohhalme
Pfeifenreiniger

SICHERHEITSHINWEISE UND TIPPS

* Die Strohhalme solltet ihr unbedingt auf die gleiche Länge zuschneiden.

ANLEITUNG

1. Vermischt in einem Messbecher Maisstärke und Wasser, die restlichen Zutaten hinzufügen. Langsam umrühren und alles ruhen lassen, solange ihr mit den Strohhalmen beschäftigt seid. **ABB. 2.**
2. Mehrere Plastikstrohhalme in gleichlange kurze Stücke schneiden (5–7,5 cm). **ABB. 3.**
3. Zuerst die Pyramidenform herstellen. **ABB. 4.**
4. Fädelt jeweils drei Halmstücke auf einen Pfeifenreiniger auf.
5. Ein Ende des Pfeifenreinigers frei lassen und alles zu einem Dreieck biegen.
6. Verdreht das kurze und das längere Ende des Pfeifenreinigers, um das Dreieck zu fixieren.
7. Zwei weitere Halmstücke auf dem langen Ende auffädeln und am Ende des Pfeifenreinigers einen weiteren festdrehen.
8. Formt ein zweites Dreieck und schiebt das freie Ende des Pfeifenreinigers durch eines der anliegenden Halmstücke hindurch weiter.
9. Noch ein Halmstück hinzufügen und so die Pyramide vervollständigen. Den Pfeifenreiniger durch eins der anliegenden Halmstücke weiterschieben, sodass er neben dem kurzen Pfeifenreinigerstück (siehe Punkt 6) herauskommt. Die Enden zusammendrehen, sodass ein Griff für die Seifenblasenform entsteht.
10. Taucht die Pyramide in das Bläschenwasser und seht, welche Seifenblasenformen herauskommen.
11. Auf gleiche Weise eine Würfel-Seifenblasenform herstellen. Dafür mit vier kurzen Halmstücken als Quadrat beginnen. Probiert aus, welche Blasenformen damit entstehen. **ABB. 5.**
12. Taucht einen nicht zerschnittenen Strohhalm in das Seifenblasenwasser und verändert damit die Blasen des Dreiecks und des Würfels. Versucht mit dem Strohhalm, die Blasen auszudehnen. **ABB. 6–7.**
13. Versucht draußen noch größere Seifenblasen entstehen zu lassen. **ABB. 8.**

DIE WISSENSCHAFT HINTER DEM SPAß

Wassermoleküle lassen sich ungern los. In der Wissenschaft nennt man diese anziehende Eigenschaft **Oberflächenspannung**; sie verleiht der Oberfläche von Wasser eine dehnbare Komponente. Die Waschmittelmoleküle in Spülmittel werden als **Tenside** bezeichnet und haben ein hydrophiles (wasserliebendes) Ende und ein hydrophobes (wasserabweisendes) Ende. Wenn man Wasser ein Tensid hinzufügt, verringert sich die Oberflächenspannung, sodass sich Blasen bilden können.

Blasen bestehen aus einem Gas (z. B. Luft), das in einem dünnen Film aus Wassermolekülen eingeschlossen ist, der sich zwischen zwei Schichten Spülmittel befindet. In Seifenblasenwasser verlangsamen Chemikalien, wie Glyzerin und Maissirup, die Verdunstung, sodass die Blasen länger erhalten bleiben.

Normalerweise sind Blasen rundlich. In der Luft nehmen sie die Form mit der geringsten Oberfläche an: einer Kugel. Hier jedoch kleben die Blasen an den Formen, die ihr gebastelt habt. Die Luft wird eingeschlossen, wenn ihr die Formen aus der Mischung hebt. So entstehen dreidimensionale Seifenblasen. Andere Faktoren, etwa unser Atem, können ebenfalls die Form von Seifenblasen beeinflussen.

Die Dicke der Wasser-/Seifenmoleküle variiert stets leicht. Wenn Wassermoleküle verdunsten, treffen aus vielen Winkeln Lichtwellen auf die Seifenschicht. Sie prallen hin und her und überschneiden sich. Deshalb erscheinen Regenbogenfarben auf den Seifenblasen.

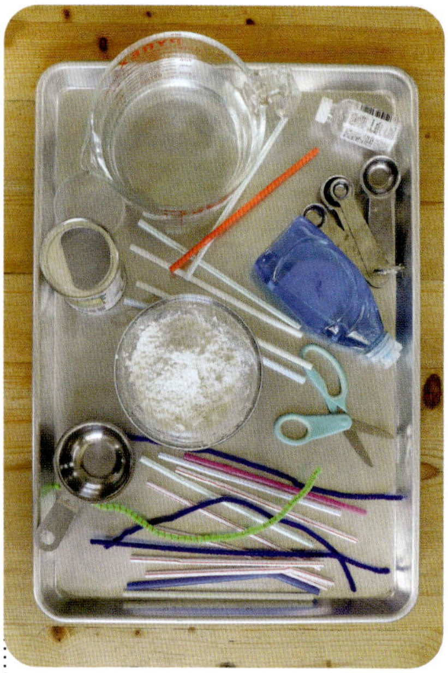

ABB. 1 Hilfsmittel

ABB. 2 Die Seifenblasenmischung herstellen.

ABB. 3 Die Strohhalme in gleich lange Stücke schneiden (5–7,5 cm).

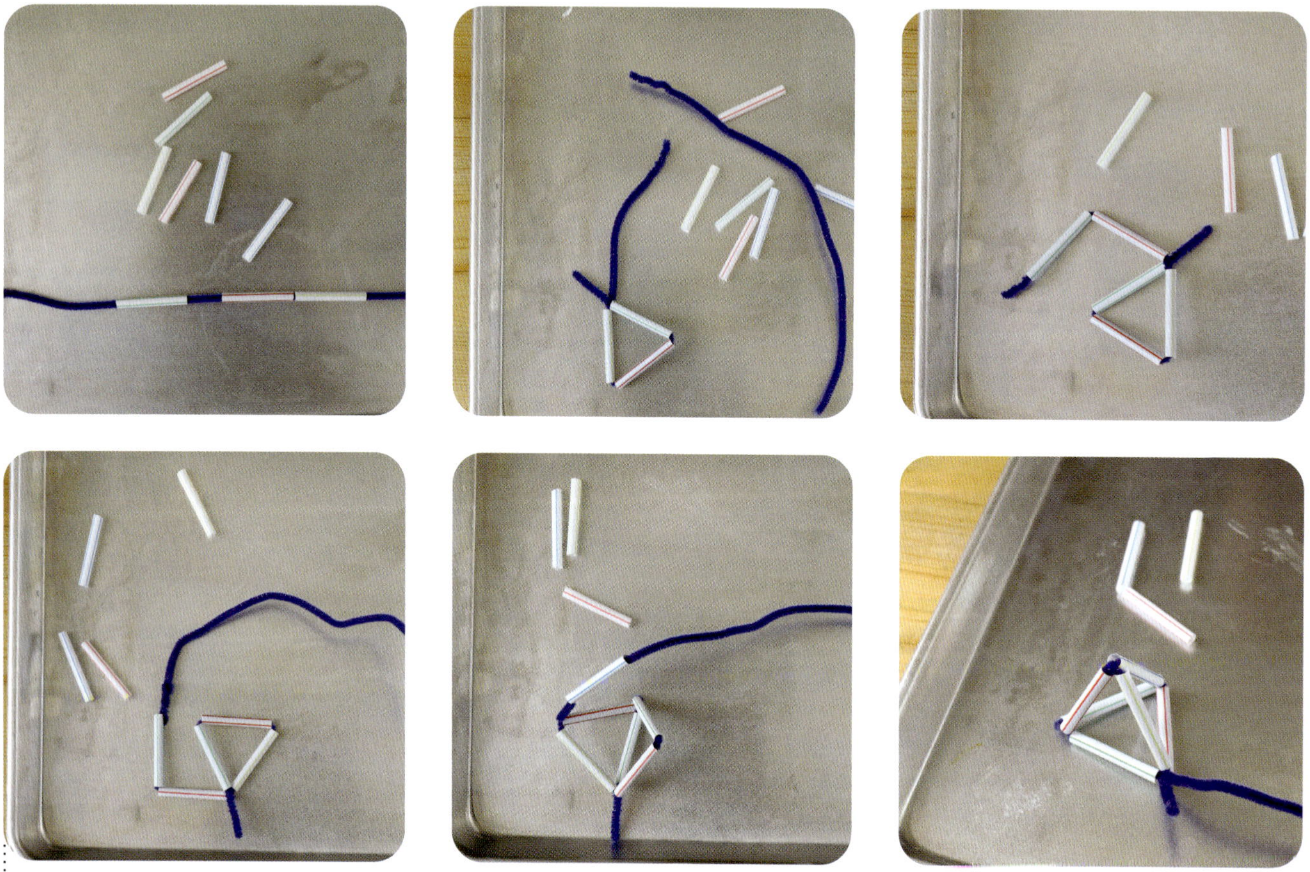

ABB. 4 Für die Pyramide drei Halmstücke auf einen Pfeifenreiniger fädeln. Diesen zum Dreieck biegen, Enden verdrehen. Zwei weitere Halmstücke auf das längere Ende schieben. Noch einen Reiniger befestigen und zum Dreieck biegen. Mit einem letzten Halmstück die Pyramide vervollständigen. Den Pfeifenreiniger durch ein Halmstück zurückführen und verdrehen.

ABB. 5 Mit der gleichen Methode auch einen Würfel formen, mit einem Quadrat beginnen.

ABB. 6 Taucht die Formen in die Seifenmischung und beobachtet die entstehenden Blasen.

ABB. 7 Dreieckige und würfelförmige Blasen vergleichen.

ABB. 8 Nehmt alles mit nach draußen und versucht noch größere Blasen zu machen.

VERSUCH 5
BRAUSEBONBONS

CHAOSFAKTOR *niedrig* | **SCHWIERIGKEIT** *niedrig*

Stellt mithilfe von Zitronensäure und Natron eure Lieblingsbonbons her.

HILFSMITTEL

kleine Schüsseln
30 g Puderzucker
1 TL Zitronensäure (erhältlich im Supermarkt oder der Drogerie)
½ TL (2 g) Natron
Wasser
Lutschbonbons
Backpapier
Backblech
Backpinsel
2 Gefrierbeutel mit Zippverschluss

SICHERHEITSHINWEISE UND TIPPS

Achtgeben, dass sich kleinere Kinder nicht an den Bonbons verschlucken!

ANLEITUNG

1. Vermischt in einer kleinen Schüssel den Puderzucker mit Zitronensäure und Natron. **ABB. 2.**
2. Stellt die Zuckermischung und eine kleine Schüssel mit Wasser auf das Backblech.
3. Legt die Bonbons auf Backpapier auf das Backblech. **ABB. 3.**
4. Mithilfe eines Backpinsels die Bonbons mit Wasser (nur leicht) befeuchten. **ABB. 4.**
5. Bestreut beide Seiten der Bonbons mit der Zuckermischung. **ABB. 5.**
6. Gebt eine kleine Kostprobe der Zuckermischung auf die Zunge. **ABB. 6–7.**
7. Füllt die vorbereiteten Bonbons in ein Bonbonglas oder einen Gefrierbeutel.
8. Füllt in einen weiteren Gefrierbeutel 2 EL (16 g) der Zuckermischung. Dann 60 ml Wasser dazugießen. Beobachtet das, was eben beim Probieren und dem Kontakt mit eurem Speichel passiert ist. **ABB. 8.**
9. Befühlt den Gefrierbeutel, in der die chemische Reaktion abgelaufen ist. Ist er warm oder kalt?
10. Weitere Mischungen aus Puderzucker, Zitronensäure und Natron herstellen und dabei das Verhältnis der drei Zutaten für maximalen Geschmack und prickelnde Brausigkeit variieren. Testet die Mischungen in Gefrierbeuteln und auf Bonbons aus.

DIE WISSENSCHAFT HINTER DEM SPAß

Die überzogenen Bonbons, die ihr in diesem Versuch vorbereitet, sind zukünftige chemische Reaktionen. Die süßsauren Naschereien prickeln nämlich erst beim Lutschen auf eurer Zunge. Wasser – das zuvor fehlende Element – befindet sich in eurem Mund. Wenn sich das Wasser im Speichel mit der Zitronensäure und dem Natron verbindet, entsteht eine chemische Reaktion. Die Säure reagiert mit der Base (Natron) und es werden neue chemische Verbindungen. Das Resultat dieser Brausereaktion sind Natriumcitrat, Wasser und Kohlendioxidbläschen, die ihr auf der Zunge spürt.

Wenn ihr dieses Experiment in einem Gefrierbeutel durchführt, werdet ihr feststellen, dass sich das Wasser im Beutel kalt anfühlt. Diese chemische Reaktion wird auch **endothermische Reaktion** genannt, denn sie entzieht der Umgebung Energie (in Form von Wärme). **Exothermische Reaktionen**, wie Verbrennungsreaktionen (z. B. Feuer), erzeugen Wärme.

ABB. 1 Hilfsmittel

ABB. 2 Vermischt Puderzucker, Zitronensäure und Natron.

ABB. 3 Verteilt Bonbons auf einem Stück Backpapier.

ABB. 4 Die Bonbons mit dem Backpinsel leicht befeuchten.

ABB. 5 Bestreut die Bonbons großzügig mit der Zuckermischung.

ABB. 6 Etwas Zuckermischung auf die Zunge zum Probieren geben.

ABB. 7 Zitronensäure und Natron prickeln beim Kontakt mit Speichel.

ABB. 8 Vermischt einige Esslöffel der Zuckermischung mit 60 ml Wasser im Gefrierbeutel und schaut euch die Bläschenbildung an, die dabei entsteht.

FLÜSSIGES

Milch, Wasser und schillernde Farben

Flüssigkeiten und auch Gase gehören physikalisch gesehen zu den Fluiden (aus dem Lateinischen für »fließend«). Bei beidem bewegen sich Moleküle mit Leichtigkeit aneinander vorbei. Flüssigkeiten haben keine feste Form und können von einer Stelle zur anderen fließen. Sie nehmen einfach die Form des Behälters an, in dem sie sich befinden. Man kann Flüssiges außerdem leicht umrühren, da es äußeren Einflüssen nur wenig Widerstand entgegensetzt. In flüssigem Wasser kann man Chemikalien für Lösungen sehr gut auflösen. Die Anzahl und Art der Atome in einer chemischen Lösung bestimmt letztlich ihre Dichte.

Fluide, die Wasser enthalten, haben eine physikalische Eigenschaft namens Oberflächenspannung. Damit meint man die »Haut« auf der Oberfläche von Wasser, zu der sich die Moleküle verbinden. Da sich Wassermoleküle derart anziehen, kann Wasser auch in die engsten Lücken vordringen, besonders in Papier, Stoff und Pflanzen. Dieses Phänomen nennt man in der Wissenschaft Kapillarwirkung. Die Oberflächenspannung eines Fluids kann durch Seifen und Waschmittel gebrochen werden.

In diesem Kapitel werdet ihr die Kräfte der Physik in Aktion beobachten können. Wir erstellen Neonfarben und einen wandelnden Regenbogen. Spektakulär schillernde Lebensmittelfarbe veranschaulicht, wie Waschmittel die Oberflächenspannung von Milch bricht, und ihr könnt mithilfe der Kapillarwirkung einen bunten Kohlkopf herstellen. Die Künstler unter euch werden es genießen, Farbe auf einem Dichtegradienten schwimmen zu lassen und dabei schickes Marmorpapier herzustellen.

VERSUCH 6

WANDELNDER REGENBOGEN

CHAOSFAKTOR
mittel

SCHWIERIGKEIT
niedrig

Erlebt, wie die Kapillarwirkung einen Regenbogen in die Gläser zaubert.

HILFSMITTEL

Küchenpapier
Wasser
7 Gläser von etwa gleicher Größe
Backblech
rote, blaue und gelbe Lebensmittelfarbe

SICHERHEITSHINWEISE UND TIPPS

Damit das Experiment optimal gelingt, solltet ihr das Küchenpapier nach dem Biegen in die U-Form in gleich lange Stücke schneiden, damit sie gerade so bis zu Gläserböden reichen (Abb. 2–6).

ANLEITUNG

1. Faltet und schneidet sechs Stück Küchenpapier zu Streifen. Anschließend in eine U-Form biegen. Die Papierstreifen sollten gerade so lang sein, dass sie jeweils vom Boden des einen Glases zum nächsten reichen, ohne zu viel in der Luft zu stehen. Idealerweise wird jeder Streifen zweimal umgeschlagen und liegt kaum auf den Rändern der Gläser auf. **ABB. 2.**
2. Reiht auf dem Backblech sieben Gläser auf. Füllt das erste in der Reihe mit Wasser auf, danach jedes zweite ebenfalls. **ABB. 3.**
3. Tropft in die beiden wassergefüllten Gläser am Anfang und am Ende der Reihe mehrere Tropfen rote Lebensmittelfarbe. Blaue Farbe kommt in eines der Gläser mit noch farblosem Wasser und gelbe Farbe in das übrige wassergefüllte Glas. **ABB. 4.**
4. Verrührt die Lebensmittelfarbe im Wasser. **ABB. 5.**
5. Setzt die u-förmigen Papierstreifen in die Gläser, sodass sie jeweils von Glas zu Glas eine Brücke bauen. **ABB. 6.**
6. Beobachtet, wie das Wasser aufgrund der Kapillarwirkung durch das Küchenpapier nach oben steigt. **ABB. 7.**
7. Versucht mal vorherzusagen, welche Farben in den leeren Gläsern entstehen werden. **ABB. 8.**
8. Lasst die Gläser stehen, bis alle den gleichen Wasserpegel haben. Schaut nach, welche Farben durch das Mischen der Primärfarben Rot, Gelb und Blau entstanden sind.

DIE WISSENSCHAFT HINTER DEM SPAß

In diesem Versuch zieht die physikalische Kraft der **Kapillarwirkung** das Wasser durch die engen Zwischenräume der Fasern im Papier, das so wie ein Minisauger funktioniert. Die **Oberflächenspannung** hilft dabei, dass die Wassermoleküle zusammenbleiben. Die Lebensmittelfarben bewegen sich mit dem Wasser und vermischen sich im nächsten Glas zu neuen Farben. Wenn alle Gläser denselben Wasserstand haben, hört das Wasser auf zu fließen. Nun könnt ihr euch die Farben anschauen, die sich aus Rot, Gelb und Blau ergeben haben.

Die Farben, die wir mit unseren Augen wahrnehmen, werden in unserem Gehirn von lichtsensitiven Zellen, den **Zapfenzellen**, erzeugt. Diese spezialisierten Zellen erkennen elektromagnetische Strahlung (Licht), die sich in Wellen ausbreitet. Die längsten Lichtwellen, die das menschliche Auge wahrnehmen kann, sind rote. Grüne Lichtwellen sind mittellang, und violette Wellen sind die kürzesten. Unterschiedliche Farben setzen sich aus Kombinationen der roten, grünen und violetten Lichtwellen zusammen.

ABB. 1 Hilfsmittel

ABB. 2 Faltet und schneidet die Küchenpapiere in gleich lange Streifen.

ABB. 3 Auf dem Backblech sieben Gläser aufreihen und jedes zweite Glas mit Wasser füllen.

ABB. 4 Tropft in die zwei Endgläser jeweils rote Lebensmittelfarbe, in die anderen beiden wassergefüllten Gläser einmal gelbe und einmal blaue Farbe.

ABB. 5 Verrührt die Lebensmittelfarbe im Wasser.

ABB. 6 Steckt die Papierstreifen als Brücken in die Gläser, die Enden in das farbige Wasser getaucht.

ABB. 7 Beobachtet, wie sich das Wasser aufgrund der Kapillarwirkung durch das Papier nach oben ausbreitet.

ABB. 8 Schaut euch die Farbmischungen an.

VERSUCH 7

BATIK-MILCH

Lernt mehr über die Oberflächenspannung mithilfe von schillernden Farbmustern in Milch.

CHAOSFAKTOR *mittel*

SCHWIERIGKEIT *niedrig*

HILFSMITTEL

etwa 1 l Milch
Backblech
3 EL (15 ml) Wasser
1 TL (5 ml) Spülmittel oder flüssige Handseife
kleine Schüssel
verschiedene Lebensmittelfarben
Baumwollstäbchen

SICHERHEITSHINWEISE UND TIPPS

- Lebensmittelfarbe macht Flecken auf der Kleidung, zieht euch also etwas über oder tragt alte Kleidung.
- Wenn ihr nicht so viel Milch verwenden wollt, stellt einen tiefen Teller auf das Backblech und arbeitet so auf einer kleineren Fläche.

ANLEITUNG

1. Gießt die Milch dünn auf das Backblech oder den Teller. **ABB. 2.**
2. In einer kleinen Schüssel Wasser und Spülmittel oder Handseife vermischen. **ABB. 3.**
3. Mehrere Tropfen Lebensmittelfarbe auf die Milch geben. Benutzt verschiedene Farben und tropft sie mit Abstand zueinander auf die Milch. **ABB. 4.**
4. Taucht ein Baumwollstäbchen in die Seifenmischung. **ABB. 5.**
5. Berührt die Milchoberfläche vorsichtig mit dem Stäbchen. Nicht umrühren. Das Spülmittel bricht die Oberflächenspannung der Milch und lässt so die Lebensmittelfarbe in hübschen Farben herumwirbeln. **ABB. 6–7.**
6. Befeuchtet erneut das Baumwollstäbchen mit Seifenwasser und berührt damit die Milch. Drückt es auch mal ein paar Sekunden bis auf den Boden des Backblechs (oder des Tellers). **ABB. 8.**
7. Macht noch ein Foto von eurem farbenfrohen Endresultat.

DIE WISSENSCHAFT HINTER DEM SPAß

Wer schon mal ein Centstück mit möglichst vielen Wassertropfen bedacht hat, konnte die Macht der Oberflächenspannung bereits in Aktion sehen. Wassermoleküle halten aneinander fest und türmen sich zu einem Riesentropfen auf dem Centstück auf, der schlussendlich doch zerplatzt und über die Ränder fließt. Das passiert, weil die Oberfläche der Flüssigkeit ähnlich agiert wie elastische Haut, wie das Gummi eines prallen Luftballons. Oberflächenspannung ist der wissenschaftliche Name für diese »Haut«.

In diesem Experiment gießt ihr Milch, die hauptsächlich aus Wasser besteht, als große flüssige Oberfläche auf das Backblech. Lebensmittelfarbe besteht auch aus Wasser, dazu kommen viele farbige Chemikalien, genannt **Pigmente**. Sie beschweren die Farbe, sodass sie sich nicht gleich mit der Milch vermischt. Die eingetropfte Farbe bleibt zunächst an Ort und Stelle.

Spülmittel ist hier wie ein chemisches Messer, das die »Haut« der Milch auftrennt. Oder wie eine Nadel, die den Ballon zum Platzen bringt. Wenn die Oberflächenspannung zerstört ist, strömen Lebensmittelfarbe und Milch aus und verwirbeln zu farbenfrohen Mustern.

ABB. 1 Hilfsmittel

ABB. 2 Auf ein Backblech dünn Milch gießen.

ABB. 3 Vermischt in einer kleinen Schüssel Spülmittel mit Wasser.

ABB. 4 Tropft Lebensmittelfarbe auf die Milch.

ABB. 5 Tränkt ein Baumwollstäbchen mit Seifenmischung und berührt damit die Oberfläche der Milch, nur nicht verrühren.

ABB. 6 In Spülmittel stecken waschaktive Substanzen, auch Tenside genannt. Sie brechen die Oberflächenspannung der Milch.

ABB. 7 Sobald die Oberflächenspannung zerstört ist, könnt ihr in der Milch herumrühren und hübsche Muster kreieren.

ABB. 8 Tränkt das Baumwollstäbchen noch mal in Seifenwasser und berührt damit die Oberfläche. Lasst das Blech mehrere Minuten unberührt und beobachtet, was mit den Farben passiert.

VERSUCH 8

MAGISCHE STIFTE

Kreiert mit Permanentmarkern und Reinigungsalkohol einen Batik-Look.

CHAOSFAKTOR *niedrig*

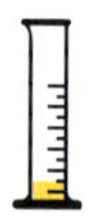

SCHWIERIGKEIT *niedrig*

HILFSMITTEL

Textilien aus Baumwolle (T-Shirts, Socken, oder Schnürsenkel)
Große Plastikbecher oder Gläser
Gummibänder
Permanentmarker in verschiedenen Farben
Reinigungsalkohol (Isopropanol)
Backblech
Pipette oder kleine Spritze

SICHERHEITSHINWEISE UND TIPPS

Reinigungsalkohol ist giftig, sollte also nicht geschluckt werden. Erwachsene sollten bei diesem Experiment dabei sein, am besten draußen oder bei guter Belüftung durchführen. Reinigungsalkohol und seine Dämpfe sind entflammbar. Daher dürfen mit Alkohol getränkte Textilien beim Trocknen keiner Wärme ausgesetzt werden.

ANLEITUNG

1. Befestigt ein T-Shirt oder ein anderes Textil über die Öffnung eines großen Bechers oder Glases mithilfe von Gummibändern. **ABB. 2.**
2. Malt mit Stiften mehrere Punkte in Centgröße auf den gespannten Stoff. **ABB. 3.**
3. Stellt eine Flasche mit Reinigungsalkohol auf das Backblech. Die Flasche sollte deutlich mit einem Symbol für Giftstoffe versehen sein, damit man sie nicht versehentlich mit Wasser verwechselt. Eine Pipette oder Spritze mit Reinigungsalkohol füllen und diesen auf die farbigen Punkte tropfen. Der Alkohol durchtränkt den Stoff nach außen und nimmt die Farbe mit. Das Backblech fängt heruntertropfende Farbkleckse auf. **ABB. 4.**
4. Wiederholt die Schritte 1–3 mit weiteren Teilen des Stoffes, bis euer Design vollendet ist. **ABB. 5–7.**
5. Die eingefärbte Baumwolle sollte über Nacht vollständig trocknen. Danach einige Stunden in die pralle Sonne hängen oder 15 Minuten in den Trockner stecken, damit die Farben fixiert werden. Diese Kleidung sollte separat gewaschen werden. **ABB. 8.**

DIE WISSENSCHAFT HINTER DEM SPAẞ

Die Farbe von Permanentmarkern ist nicht wasserlöslich. Doch spezielle Chemikalien, die **Lösungsmittel** genannt werden, können sie auflösen. Reinigungsalkohol gehört dazu; er verteilt die Farbe im Stoff.

Einige Markerfarben enthalten kleinere chemische Verbindungen, die sich schneller durch den Stoff bewegen und ausbreiten können, als andere Farben. Und Mischfarben teilen sich bei Kontakt mit dem Alkohol in einzelne Farbtöne auf. Der Alkohol verflüchtigt sich schließlich in der Luft und hinterlässt Farbmuster im Stoff.

ABB. 1 Hilfsmittel

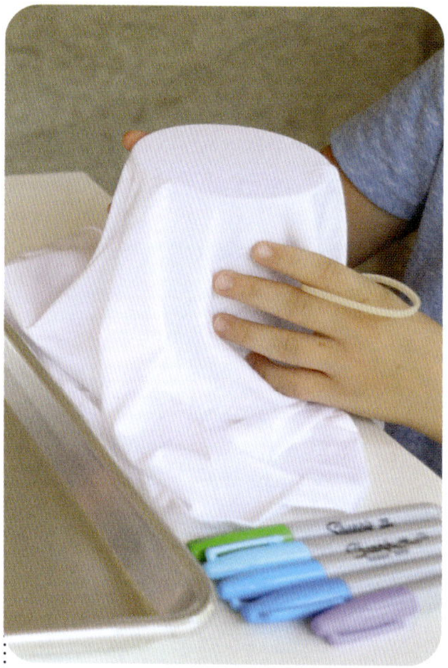

ABB. 2 Mithilfe eines Gummibands befestigt ihr den Stoff über einem Becher oder Glas.

ABB. 3 Malt Farbkreise mit den Permanentmarkern auf den Stoff.

ABB. 4 Tröpfelt den Reinigungsalkohol auf jeden Farbkreis.

ABB. 5 Beobachtet, wie sich die Farbe zusammen mit dem Reinigungsalkohol (ein Lösungsmittel) über den Stoff verteilt.

ABB. 6 Mit dieser Methode könnt ihr auch weiße Schnürsenkel einfärben.

ABB. 7 Führt dieses Experiment bei guter Belüftung und mit kleineren Kindern nur unter Aufsicht durch. Reinigungsalkohol ist giftig, wenn er geschluckt wird.

ABB. 8 Nach dem Trocknen ist die Farbe der Permanentmarker fixiert und wäscht sich nicht mehr raus.

VERSUCH 9

MARMORPAPIER

CHAOSFAKTOR	SCHWIERIGKEIT
hoch	*mittel*

Lasst Farbe auf angedicktem Wasser schwimmen und gestaltet schöne Designs, die auf mit Alaun behandeltes Papier übertragen werden können.

HILFSMITTEL

53 g Alaun (Kaliumaluminiumsulfat), online erhältlich oder im Gewürzregal des Supermarkts
etwa 5,5 l Wasser
Pinsel und/oder Pipette
dickes weißes Bastelpapier oder Aquarellpapier
Bleistift
Mixer
2 EL Carrageen (14 g, Verdickungsmittel), online oder in Farbenläden erhältlich (alternativ Speisestärke, siehe unten)
Acrylfarben (verschiedene Farben)
Zahnstocher
Kuchengitter (optional)

SICHERHEITSHINWEISE UND TIPPS

- Am Vortag das angedickte Wasser und das Papier vorbereiten (siehe Anleitung).
- Carrageen dickt Wasser besser an als Speisestärke, doch letztere eignet sich durchaus als Alternative, und das Ganze muss nicht über Nacht ziehen: 32 g Speisestärke in 120 ml kaltem Wasser auflösen. In einem Topf 1,5 l Wasser aufkochen lassen. Die Stärkemischung gründlich in dem Kochwasser verrühren und eine Minute kochen lassen. Die Temperatur stark reduzieren und alles zwei Minuten köcheln lassen, dabei gelegentlich rühren. Abkühlen lassen und durch Zugabe von eingerührtem Wasser die Konsistenz von Crème double erreichen.

ANLEITUNG

1. Rührt das Alaun in 1,5 l Wasser ein.
2. Die Mischung auf mehrere Stücke dickes Papier streichen, pinseln oder mit dem Schwamm auftragen. Die so vorbereitete Seite mit einer dünnen Bleistiftmarkierung am Rand versehen. Alternativ das gesamte Papier in der Alaunmischung tränken. Das Papier vollständig trocknen lassen. **ABB. 2.**
3. In einem Mixer 7 g Carrageen in 2 l Wasser 30 Sekunden mischen. In einen Behälter zur Aufbewahrung gießen. Weitere 7 g Carrageen mit 2 l Wasser mixen. Alles miteinander verrühren und über Nacht andicken lassen (die Mischung hält sich zwei Tage).
4. Zum Marmorieren die Carrageen-Mischung (oder die Speisestärkeversion) dünn auf das Backblech gießen. **ABB. 3.**
5. Vermischt die Acrylfarbe mit so viel Wasser, dass sie die Konsistenz von Vollmilch erreicht. **ABB. 4.**
6. Die verdünnte Acrylfarbe mithilfe eines Pinsels auf das angedickte Wasser tropfen oder klecksen. Bedeckt so die gesamte Oberfläche auf dem Backblech mit Farbe. **ABB. 5.**
7. Zieht mithilfe von Zahnstochern Marmormuster. **ABB. 6.**
8. Wenn das Farbdesign fertig ist, ein Blatt vorbereitetes Papier vorsichtig auflegen, mit der Alaun-Seite nach unten. Sanft darüber streichen, damit keine Luft eingeschlossen wird. **ABB. 7.**
9. Hebt das Papier vorsichtig aus der Farbe. Ihr könnt es beim Herausnehmen über die Kante des Blechs ziehen, damit nicht zu viel Farbe darauf verbleibt. **ABB. 8.**
10. Das marmorierte Papier kurz unter Leitungswasser abspülen, damit überschüssige Farbe entfernt wird. So kommt euer Design besser zur Geltung.
11. Das Papier auf einem Kuchengitter oder Backblech trocknen lassen.

DIE WISSENSCHAFT HINTER DEM SPAß

Alaun ist eine nützliche Chemikalie, die als **Beizmittel** bezeichnet wird. Diese Mittel können sich gut mit anderen Chemikalien verbinden und sie dadurch fixieren. Alaun wird häufig zum Färben von Stoffen verwendet (siehe Versuch 21). Beizmittel können auch zum Färben von anderen Dingen, sogar von Bakterien, genutzt werden. In diesem Versuch verbindet sich das Alaun auf dem Papier mit der Farbe und fixiert sie dadurch auf dem Papier.

Carrageen besteht aus langkettigen Verbindungen, die aus essbaren Rotalgen hergestellt werden. Ihre Größe und Elastizität lässt sie problemlos eine gelartige Konsistenz annehmen. Carrageen kann in Milchprodukten wie Joghurt auftauchen, wo es als Verdickungsmittel eingesetzt wird. In diesem Versuch dicken wir damit das Wasser an, wodurch die Farbe obenauf schwimmt.

ABB. 1 Hilfsmittel

ABB. 2 Streicht die Alaunlösung auf das Papier (mit Pinsel/Schwamm) und lasst es trocknen lassen.

ABB. 3 Gießt das mit Carrageen oder Speisestärke angedickte Wasser auf ein Backblech.

ABB. 4 Verdünnt die Acrylfarbe mit Wasser.

ABB. 5 Verteilt die Farben auf dem eingedickten Wasser (tropfen und klecksen).

ABB. 6 Zieht mithilfe eines Zahnstochers Marmormuster.

ABB. 7 Legt ein Blatt Papier mit der vorbereiteten Seite nach unten auf.

ABB. 8 Das Papier vorsichtig abheben und unter Leitungswasser abspülen. Auf der Vorderseite keine Fingerabdrücke hinterlassen. Auf einem Kuchengitter oder einem Backblech trocknen lassen.

VERSUCH 10
FARBENFROHER KOHL

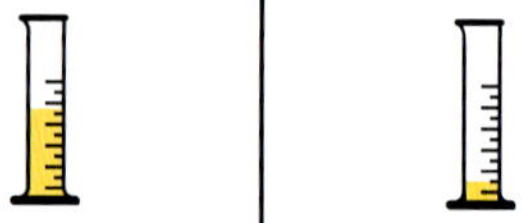

Beobachtet die Kapillarwirkung in Aktion beim Einfärben von Kohlblättern.

HILFSMITTEL

1 Kopf Chinakohl
4 Behälter gleicher Größe, in die der Strunk eines Chinakohls passt
warmes Wasser
blaue, rote, gelbe und grüne Lebensmittelfarbe
Backblech
Messer
Gummibänder

SICHERHEITSHINWEISE UND TIPPS

Beim Schneiden des Kohls sollte ein Erwachsener dabei sein und helfen.

ANLEITUNG

1. Äußere Blätter vom Kohlkopf abziehen. **ABB. 2.**
2. Füllt vier Behälter dreiviertel hoch mit warmem (nicht heißem) Wasser. **ABB. 3.**
3. Nun in den ersten Behälter mindestens zehn Tropfen der blauen Lebensmittelfarbe geben, genauso viel von der roten in den zweiten Behälter, der gelben Farbe in den dritten Behälter und der grünen Farbe in den letzten Behälter träufeln. **ABB. 4.**
4. Die gefüllten Behälter auf die Mitte des Backblechs eng nebeneinanderstellen.
5. Den Kohlkopf mit einem scharfen Messer längs, vom Strunk beginnend, halbieren. Nicht ganz bis nach oben durchschneiden, sondern an der Spitze etwa 10 cm intakt lassen, sodass der Kopf zusammenbleibt. Den Kohlkopf drehen und im rechten Winkel zum ersten Schnitt erneut so einschneiden, damit der untere Teil des Kohls in vier Teile geteilt ist. **ABB. 5.**
6. Bindet mithilfe der Gummibänder die Kohlviertel zusammen. **ABB. 6.**
7. Schneidet die vorhandenen zwei Schnittstellen erneut ein paar Zentimeter weiter hoch frisch ein.
8. Stellt den Kohl so in die Behälter mit Farbe, dass jedes Strunkviertel in einer der vier Farben steht.
9. Seht alle paar Stunden nach und beobachtet, wie die Lebensmittelfarbe in die Kohlblätter gelangt. Den Kohl über Nacht im bunten Wasser stehen lassen. **ABB. 7.**
10. Betrachtet die Blätter ganz genau, um zu erkennen, wo die Farbe entlanggewandert ist. **ABB. 8.**

DIE WISSENSCHAFT HINTER DEM SPAẞ

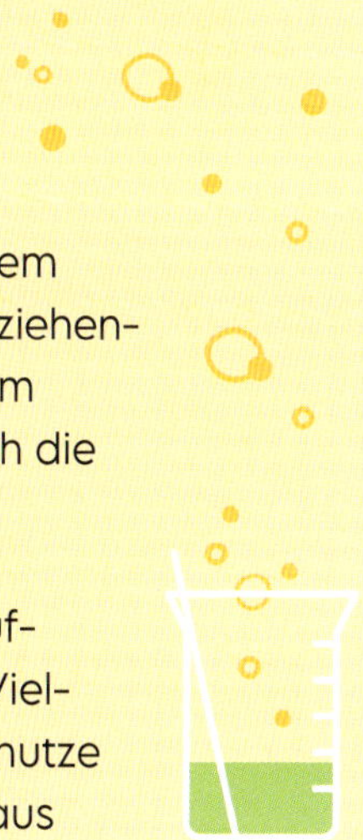

Wassermoleküle sind einfache Verbindungen von zwei Wasserstoffatomen und einem Sauerstoffatom. Sie halten fest zusammen. In einer engen Röhre mit einer wasseranziehenden Oberfläche zieht sowohl die Anziehungskraft zwischen der Oberfläche und dem Wasser als auch die gegenseitige Anziehung der Wassermoleküle das Wasser durch die Röhre nach oben.

In der Wissenschaft spricht man in diesem Fall von **Kapillarwirkung**. Die hierbei auftretenden Kräfte überwinden sogar die Schwerkraft. Pflanzen bestehen aus einer Vielzahl solcher röhrenförmigen Zellen, die sich den Vorteil der physikalischen Kraft zunutze machen. Diese besonderen Fasern aus langen und engen Röhren können Wasser aus dem Erdboden bis in die höchsten Baumwipfel transportieren. In diesem Experiment wird das eingefärbte Wasser durch die Kapillarwirkung nach oben befördert.

ABB. 1 Hilfsmittel

ABB. 2 Lose und äußere Blätter abtrennen.

ABB. 3 Füllt die vier Behälter mit warmem Wasser.

ABB. 4 Träufelt Lebensmittelfarbe in jeden Behälter: einmal rote, blaue, gelbe und einmal grüne.

ABB. 5 Schneidet den unteren Teil des Kohls in vier Teile, den oberen Teil ganz lassen.

ABB. 6 Befestigt jedes Viertel mit Gummibändern, unten erneut einschneiden und in einen der vier Behälter stellen.

ABB. 7 Den Kohl 24 Stunden so stehen lassen. Alle paar Stunden nachsehen, was sich verändert hat.

ABB. 8 Nehmt den Kohl heraus und vollzieht die Wege des bunten Wassers nach.

ESSBARES

Marshmallows, Zuckerkristalle und saure Farbe

Wenn wir Essen zubereiten, kommen Physik, Biologie und Chemie ins Spiel. Für Nudeln braucht man heißes Wasser – und zwar muss es so heiß sein, dass es gasförmig wird und sich Bläschen im Wasser bilden. Saures, wie Essig oder Zitronensäure, verfeinern das Aroma. In Weizenmehl ist ein Eiweiß namens **Gluten** enthalten, das in Verbindung mit Wasser lange, zähe Stränge ergibt. Und Eiscreme besteht aus Kristallen (kristallinen Verbindungen).

In diesem Kapitel experimentiert ihr mit Zutaten, die ihr vielleicht schon kennt. Etwa Lebensmittelfarbe (ein saurer Farbstoff). Mithilfe von Hefe könnt ihr Kohlenstoffdioxid herstellen und damit Plastiktüten aufplustern oder köstliche Brötchen backen. Verarbeitet Marshmallows, die ein Kolloid (**Gelatine**) enthalten, zu einem köstlichen, formbaren Tortenüberzug (**Fondant**). Außerdem lernt ihr, wie man Zuckerkristalle wachsen lässt, die wie kleine Edelsteine aussehen, und aus Obst Fruchtröllchen herstellt. Freut euch aufs Naschen!

VERSUCH 11

MARSHMALLOW-FONDANT

CHAOSFAKTOR *hoch*

SCHWIERIGKEIT *niedrig*

Mit Marshmallows könnt ihr eine klebrige Masse herstellen, die sich in »essbare Knete« verwandeln lässt, genannt Fondant.

HILFSMITTEL

14 g hochwertige weiße Schokolade mit Kakaobutter
180 g kleine Marshmallows
1 EL Butter in Stückchen
1 ½ TL Milch
mikrowellengeeignete Schüssel
Mikrowelle
1 TL durchsichtiges Vanilleextrakt
180 g Puderzucker, plus mehr zum Verarbeiten
Spatel oder Gummischaber
Backblech
Lebensmittelfarbe nach Wahl
Nudelholz
kleine Keksausstecher (optional)

SICHERHEITSHINWEISE UND TIPPS

- Die Marshmallow-Mischung ist zunächst sehr klebrig, das gibt sich aber, je mehr Puderzucker untergeknetet wird.
- Vor dem Belegen mit Fondant, die Cupcakes oder den Kuchen zuerst mit Guss überziehen.

ANLEITUNG

1. Hackt weiße Schokolade klein und vermischt diese in einer mikrowellengeeigneten Schüssel mit Marshmallows, Butter und Milch. **ABB. 2.**

2. Alles auf höchster Stufe in der Mikrowelle eine Minute erwärmen und danach glatt rühren. Falls nötig, noch 30 Sekunden länger erhitzen, bis alles geschmolzen ist. **ABB. 3.**

3. Rührt das Vanilleextrakt ein.

4. Gebt den Puderzucker hinzu und verrührt alles.

5. Bestreut ein Backblech mit Puderzucker und verstreicht die Marshmallow-Masse darauf. **ABB. 4.**

6. Bestreut die Masse mit mehr Puderzucker und verknetet sie auf dem Backblech, so lange, bis sie nicht mehr klebt. Das dauert 5–10 Minuten, und ihr solltet nicht zu wenig Zucker nehmen. Kratzt zwischendurch, falls nötig, die Mischung mithilfe des Spatels von den Fingern. **ABB. 5.**

7. Knetet Lebensmittelfarbe in die Masse. Entweder nur eine Farbe oder die Masse aufteilen und bunt einfärben. **ABB. 6.**

8. Fondant trocknet schnell, daher rasch mithilfe eines Nudelholzes ausrollen und in Frischhaltefolie bis zum Weiterverarbeiten einwickeln. Fondant hält sich fest eingewickelt 1–2 Wochen bei Zimmertemperatur.

9. Den Fondant ausstechen oder -schneiden. Belegt damit einen Kuchen oder Cupcakes. Aus Fondant könnt ihr auch Zuckerkristalle machen, wie in Versuch 12, doch dann braucht ihr die vierfache Menge der Zutaten. **ABB. 7.**

DIE WISSENSCHAFT HINTER DEM SPAß

Gelatine ist ein Protein (Eiweißbaustein), das sich in warmem Wasser auflost und abgekühlt zu einer gelartigen Masse wird. In der Wissenschaft nennt man solche Gels, in denen Flüssigkeiten in Feststoffen eingebunden sind, Kolloide. Gelatine spielt eine wichtige Rolle in vielen Lebensmitteln.

Weiche Süßigkeiten wie Marshmallows werden durch das Schlagen von heißem Zuckersirup mit Gelatine und Wasser hergestellt, wobei in der Masse Luftbläschen entstehen. Beim Abkühlen des Marshmallow-Schaums wechselt die Gelatine vom flüssigen in den gelartigen Zustand und die Bläschen werden dabei in der Gelatine eingeschlossen. Gemeinsam mit Gelatine trägt Maissirup dazu bei, dass der Zucker in den Marshmallows nicht kristallisiert und die Marshmallows (und der Fondant) weich bleibt.

ABB. 1 Hilfsmittel

ABB. 2 In ein Mikrowellengeschirr Marshmallows, Milch, Butter und weiße Schokolade geben.

ABB. 3 Kurz in der Mikrowelle erwärmen und gründlich vermischen.

ABB. 4 Rührt Vanilleextrakt und Puderzucker ein, gebt die Masse auf ein mit Puderzucker bestreutes Backblech.

ABB. 5 Knetet die Mischung mit sauberen Händen und arbeitet Puderzucker ein, bis nichts mehr klebt.

ABB. 6 Formt den Fondant zu Kugeln und knetet die Lebensmittelfarbe unter.

ABB. 7 Den Fondant ausrollen, ausstechen und formen.

VERSUCH 12

ZUCKERKRISTALL-GEODEN

Lasst mithilfe einer übersättigten Zuckerlösung glitzernde Zuckerkristalle in einer Schale aus Fondant wachsen.

HILFSMITTEL

600 g Zucker
etwa 240 ml Wasser
mittelgroßer Topf
Lebensmittelfarbe nach Wahl
Backpapier
Backblech (und ggf. Silikonunterlage)
Fondant (siehe Versuch 11 für selbst gemachten)
Nudelholz
Aluminiumfolie
Schüssel
Backtrennspray oder Öl (optional)
Lupe

CHAOSFAKTOR	**SCHWIERIGKEIT**
mittel	*mittel*

SICHERHEITSHINWEISE UND TIPPS

Bei der Herstellung des heißen Zuckersirups sollte ein Erwachsener dabei sein. Ist der Sirup auf Zimmertemperatur abgekühlt, können die Kinder allein weitermachen.

ANLEITUNG

1. Vermischt Zucker und Wasser in dem Topf. Beides zum Kochen bringen, bis sich der Zucker aufgelöst hat und durchsichtiger Sirup entstanden ist. **ABB. 2.**
2. Nun rührt die Lebensmittelfarbe, in der die Kristalle später gefärbt sein sollen, in den Sirup.
3. Lasst den Sirup lauwarm abkühlen und stellt in der Zwischenzeit die Schale der Geoden her.
4. Auf einem großen Backblech oder einer Arbeitsfläche ein Stück Backpapier ausbreiten. (Wenn ihr ein Backblech benutzt, dann darunter eine Silikonunterlage legen, damit es beim Ausrollen nicht hin- und her rutscht.)
5. Verknetet weiße, schwarze und bunte Fondantstücke miteinander und formt sie zu einer Kugel. Diese in sich verdrehen und ein- oder zweimal leicht übereinander falten, sodass die Farben ineinander übergehen, aber nicht vollständig vermischt werden. Rollt den Fondant kreisförmig so groß aus, dass er die Schüssel komplett auskleiden kann, die ihr für die Geoden benutzen wollt. **ABB. 3–5.**
6. Ein zweites Stück weißen Fondant in derselben Größe wie das bunte Stück auf Backpapier ausrollen.

7. Verstreicht etwas Wasser auf dem farbigen Fondant, sodass die Oberfläche leicht klebrig wird. Dreht den weißen Fondant um, legt ihn auf das bunte Stück und drückt ihn sanft an, damit die Schichten zusammenkleben. Zieht nun das Backpapier vom weißen Fondant ab. **ABB. 6.**
8. Deckt ein großes Backblech vollständig mit Alufolie ab. Verwendet ggf. zwei Folienstücke.
9. Faltet ein Küchenhandtuch und legt es in die Mitte der Folie. Darauf die Schüssel stellen.
10. Kleidet die Schüssel mit einem weiteren Stück Alufolie so aus, dass die Innenseite eine zerknitterte Oberfläche erhält.
11. Wiederholt den letzten Schritt mit einer zweiten Folie, um die knittrige Fläche zu betonen, die die Oberfläche der Geode ergeben wird. **ABB. 7.**
12. Besprüht die Folie mit Backtrennspray oder bepinselt sie mit Öl. **ABB. 8.**
13. Legt die Fondantplatte mit der weißen Seite nach oben auf die Schüssel.
14. Zieht das Backpapier ab und drückt den Fondant in die Schüssel gegen die Folie. **ABB. 9.**
15. Drückt einige Zuckerkristalle in die Fondantschicht und füllt dann die Schüssel bis zum Rand mit Zuckersirup auf. **ABB. 10.**
16. Deckt die Schüssel komplett mit Alufolie ab. Stellt das Backblech samt Schüssel für einige Tage an einen Platz, wo es nicht bewegt wird. **ABB. 11.**
17. Zieht die Folie ab und gießt den Sirup in einen Behälter ab. Betrachtet die Zuckerkristalle. **ABB. 12.**
18. Zuckerkristalle, die ihr nicht schön findet, könnt ihr abbrechen.
19. Nehmt das Handtuch vom Backblech und legt noch eine Lage Alufolie aus. Stürzt die Schüssel darauf, um die restliche Flüssigkeit abfließen zu lassen. **ABB. 13.**
20. Schneidet den überstehenden Fondant ab und untersucht die Zuckerkristalle mithilfe der Lupe. **ABB. 14–15.**
21. Die Geoden mit der Kristallseite nach unten trocknen lassen. Anschließend umdrehen. Bestaunt die glitzernden Kristalle im Inneren. **ABB. 16.**

DIE WISSENSCHAFT HINTER DEM SPASS

Kristalle, wie die von Zucker, sind Feststoffe, die aus einem Netzwerk an immer gleichen chemischen Bauteilen bestehen, wie Steine in einer Mauer. Kristalle aus Saccharose (Haushaltszucker) bestehen aus sechsseitigen Prismen. Kristalle ein und derselben chemischen Zusammensetzung können groß oder klein sein, aber sie haben immer dieselbe Grundform.

Für die Zuckerkristalle dieser Fondant-Geoden wird Zuckersirup benötigt, eine sogenannte **übersättigte Zuckerlösung**. Wird Wasser mit Zucker erhitzt, kann es mehr Zuckermoleküle aufnehmen als bei Zimmertemperatur. Kristalle bilden sich, wenn der Sirup auf einen »Katalysator«, einen sogenannten Kristallisationskeim trifft. In unserem Versuch sind das die Zuckerkristalle, die wir in den Fondant gedrückt haben. Die Moleküle des Zuckers klicken dann zu einer festen Kristallstruktur zusammen.

ABB. 1 Hilfsmittel

ABB. 2 Stellt Zuckersirup her.

ABB. 3 Formt schwarze, weiße und andere bunte Fondantstücke zu einer Kugel.

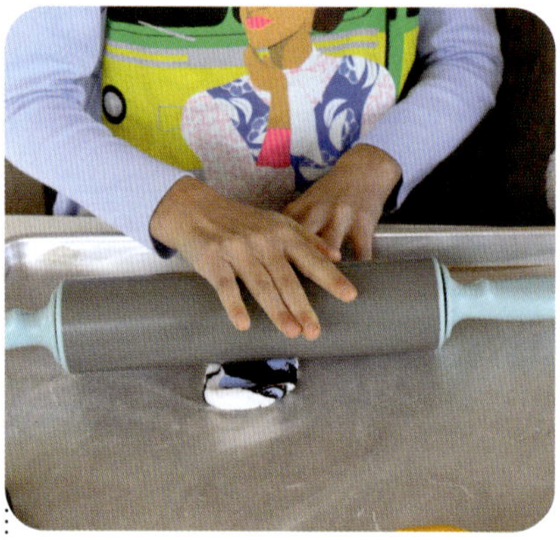

ABB. 4 Den Fondant ausrollen.

ABB. 5 Die Fondantscheibe sollte groß genug sein, dass sie die Schüssel auskleiden kann.

ABB. 6 Rollt etwas weißen Fondant auf dieselbe Größe aus wie die bunte Scheibe.

ABB. 7 Das Innere der Schüssel mit zwei Lagen Aluminiumfolie auskleiden.

ABB. 8 Bestreicht die Folie leicht mit Öl, damit der Fondant nicht daran kleben bleibt.

ABB. 9 Drückt den Fondant fest in die Schüssel, mit der weißen Seite nach oben.

ABB. 10 Einige Zuckerkristalle hineindrücken, die Schüssel mit Zuckersirup füllen.

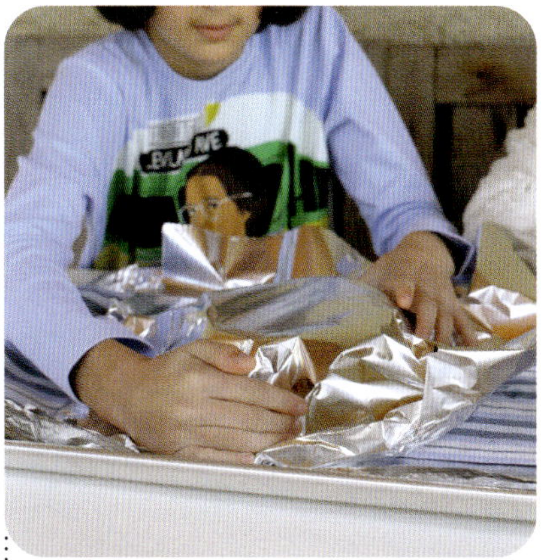

ABB. 11 Stellt die Schüssel mit Aluminiumfolie bedeckt 5–7 Tage beiseite.

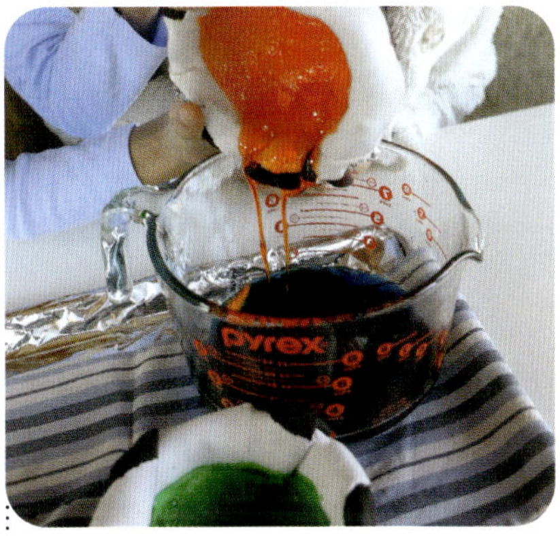

ABB. 12 Gießt den Sirup aus der Schüssel. Vielleicht müsst ihr an der Oberfläche zuerst eine Kristallschicht aufbrechen.

ABB. 13 Stürzt die Schüsseln auf ein Backblech und lasst die restliche Flüssigkeit abfließen.

ABB. 14 Schneidet überstehenden Fondant ab.

ABB. 15 Untersucht die Form der Zuckerkristalle.

ABB. 16 Die Geoden mit der Kristallseite nach unten trocknen lassen. Bestaunt danach die glitzernden Kristalle im Inneren.

VERSUCH 13

FRUCHTLEDER-DYNAMITSTANGEN

CHAOSFAKTOR
mittel

SCHWIERIGKEIT
mittel

Erfahrt mehr über das Trocknen und Konservieren, indem ihr köstliche Fruchtröllchen herstellt.

HILFSMITTEL

Backofen
720 g frisches Obst oder TK-Ware, gehackt
177 ml Wasser (optional)
1 EL Zitronensaft
8 EL Honig bei Verwendung von Erd- oder Heidelbeeren, 4 EL bei Verwendung von Mangos oder Pfirsichen
großer Topf
Standmixer oder Pürierstab
Gabel
Silikonbackmatte (oder Backpapier)
Backblech

SICHERHEITSHINWEISE UND TIPPS

- Am heißen Fruchtleder kann man sich verbrennen, daher sollte beim Herstellen des Fruchtleders ein Erwachsener dabei sein. Erst probieren, wenn es ganz abgekühlt ist. Der Trocknungsvorgang dauert mehrere Stunden.
- Silikonbackmatten eignen sich besser als Backpapier zur Herstellung von Fruchtleder, letzteres funktioniert aber auch.
- Gefrorene Mangos trocknen schnell und ergeben köstliche Röllchen. Fruchtleder aus Beeren sind auch sehr lecker, sind aber klebriger.

ANLEITUNG

1. Den Backofen auf niedriger Hitze vorheizen (77 °C).
2. Gebt das gehackte Obst in einen Topf. Mangos mit 177 ml Wasser vermengen.
3. Rührt den Zitronensaft und etwas Honig unter. Heidel- und Erdbeeren benötigen mehr Honig (160 g) als Mangos oder Pfirsiche (80 g). **ABB. 2.**
4. Kocht die Obstmischung bei mittlerer Temperatur, gelegentlich durchrühren. Es soll eine weiche, marmeladige Konsistenz entstehen und der Großteil des Wassers sollte verkocht sein. **ABB. 3.**
5. Die Masse vollständig abkühlen lassen.
6. Das gekochte Obst mithilfe einer Gabel zerdrücken oder im Mixer oder mit dem Pürierstab pürieren. **ABB. 4.**
7. Verstreicht die Obstmasse dünn auf der Silikonmatte (oder auf Backpapier) auf dem Backblech. **ABB. 5.**
8. Lasst das Fruchtleder im Ofen mehrere Stunden trocknen, bis es nicht mehr klebrig ist. Am Rand kann es leicht knusprig werden. **ABB. 6.**
9. Danach abkühlen lassen und von der Unterlage lösen, die knusprigen Ränder dabei abschneiden. **ABB. 7.**
10. Rollt das Fruchtleder auf, nach Belieben in schmale Rollen schneiden. In Backpapier oder in einem Gefrierbeutel aufbewahren. **ABB. 8.**

DIE WISSENSCHAFT HINTER DEM SPAß

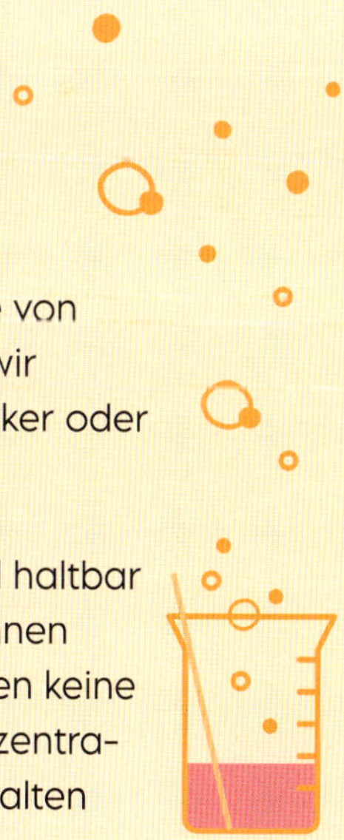

Mikroben, wie Bakterien und Pilze, besiedeln jede sichtbare Oberfläche, auch die von Lebensmitteln. Wir töten Mikroben ab oder verlangsamen ihr Wachstum, indem wir Produkte erhitzen, kühlen, einfrieren oder sie konzentrierten Chemikalien wie Zucker oder Salz aussetzen.

Das **Trocknen** ist eine der ältesten Methoden, um Lebensmittel schmackhaft und haltbar zu halten. Es tötet zwar nicht alle Mikroben auf Lebensmitteln ab. Entzieht man ihnen jedoch viel Wasser, werden die Mikroben am Wachstum gehindert und produzieren keine Giftstoffe mehr, die Menschen krank machen können. Hohe Salz- und Zuckerkonzentrationen töten ebenfalls Bakterien ab. Fruchtleder und andere Trockenfrüchte enthalten viel Zucker und können bis zu einer Woche ungekühlt aufbewahrt werden.

ABB. 1 Hilfsmittel

ABB. 2 Füllt Obst, Wasser und Honig in einen Topf.

ABB. 3 Das Obst zu einer marmeladigen Konsistenz einkochen.

ABB. 4 Die Obstmasse pürieren und auf eine Backmatte auf dem Backblech geben.

ABB. 5 Verstreicht das Püree gleichmäßig auf der Backmatte.

ABB. 6 Das Ganze bei niedriger Temperatur im Ofen trocknen, bis es nicht mehr klebrig ist.

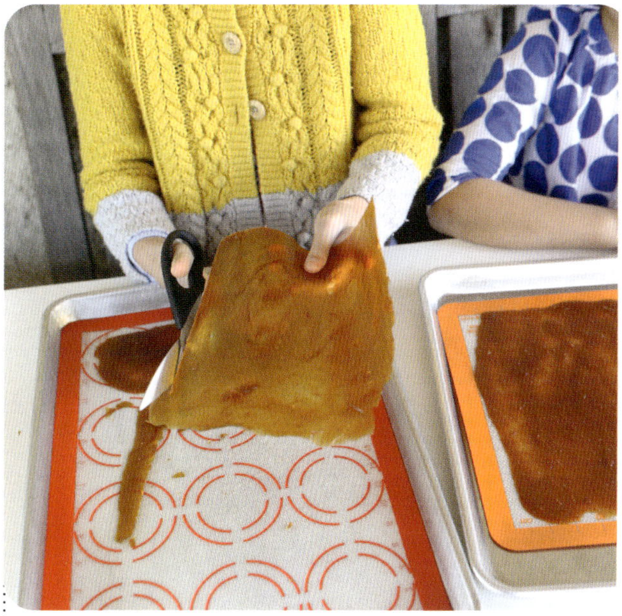

ABB. 7 Löst das Fruchtleder von der Backmatte und schneidet die krossen Ränder ab.

ABB. 8 Rollt das Fruchtleder auf und genießt den gesunden selbst gemachten Snack.

VERSUCH 14

HEFEMONSTER

Beim Backen leckerer Brötchen lernt ihr, dass Hefe ein lebender Organismus ist, der beim Aufgehen Blasen bildet.

HILFSMITTEL

große Rührschüssel
Backblech
85 g weiche Butter, plus mehr nach Bedarf zum Einfetten
2 EL Zucker, plus 2 TL für das Hefeexperiment
1 TL Salz
Gabel
2 Eier, plus 1 mehr (optional) für die Eistreiche
237 ml Milch
mikrowellengeeignete Schüssel oder ein Topf
500 g Mehl, plus mehr fürs Kneten
18 g Trockenhefe
Frischhaltefolie oder feuchtes Küchentuch
Backofen
120 ml Wasser
Gefrierbeutel mit Zippverschluss
Backpapier (optional)
Küchenschere, gesäubert (optional)
Trockenfrüchte, etwa Rosinen oder Cranberrys (optional)

CHAOSFAKTOR *mittel*

SCHWIERIGKEIT *mittel*

SICHERHEITSHINWEISE UND TIPPS

Ein Erwachsener sollte dabei sein, wenn ihr die heißen Hefemonster aus dem Ofen holt.

ANLEITUNG

1. Stellt eine große Rührschüssel auf das Backblech. Vermischt darin die weiche Butter, 2 EL Zucker und 1 TL Salz mithilfe einer Gabel. **ABB. 2.**
2. Die 2 Eier in die Schüssel aufschlagen und unter die Buttermischung arbeiten. Die Masse kann ruhig stückig sein. **ABB. 3.**
3. Erwärmt die Milch in einer mikrowellengeeigneten Schüssel oder einem Topf, sie sollte nicht heiß sein (30 Sekunden reichen meist). Die Milch unter die Masse in der Schüssel rühren. **ABB. 4.**
4. Schüttet das Mehl auf die flüssige Mischung in der Schüssel. Noch 9 g Hefe hinzufügen und mithilfe einer Gabel in den Teig mengen. Verarbeitet den Teig nun zu einer großen, klebrigen Masse. **ABB. 5–6.**

5. Bestaubt das Backblech mit Mehl und setzt den Teig darauf. Knetet ihn etwa 5 Minuten mit euren Handballen durch, auch mehrmals falten und drehen. Sollte der Teig zu klebrig werden, noch mehr Mehl zufügen und weiter kneten. **ABB. 7-8.**
6. Hebt den Teig zurück in die Schüssel, diese mit Frischhaltefolie oder einem feuchten Tuch bedecken. Den Teig etwa 45 Minuten gehen lassen. **ABB. 9.**
7. Den Backofen auf 190 °C vorheizen. Während der Teig geht, führt ihr ein Experiment mit Hefe durch und schaut euch an, wie sie Kohlenstoffdioxid produziert. Füllt auf dem Backblech 9 g Trockenhefe, 2 TL Zucker und Wasser in den Gefrierbeutel. Die Luft herausdrücken und den Beutel verschließen. **ABB. 10-11.**
8. Säubert das Backblech, platziert darauf Beutel und Schüssel nebeneinander und beobachtet, wie die Hefe aufgeht und Gasbläschen produziert.
9. Deckt nach 45 Minuten die Schüssel ab und drückt die im Teig entstandenen Gase heraus. **ABB. 12.**
10. Teilt den Teig in zwölf gleich große Stücke. Formt jedes zu einer kleinen Kugel, stecht sie mit zwei Fingern mittig ein und legt sie zurück in die Schüssel. **ABB. 13.**
11. Fettet das Backblech mit Butter ein oder belegt es mit Backpapier.
12. Verteilt die Teigbällchen mit Abstand zueinander auf dem Backblech. Nun könnt ihr sie in Monster verwandeln, indem ihr sie mithilfe der Küchenschere einschneidet und noch Trockenfrüchte für Augen und Nasen hineinsteckt. **ABB. 14.**
13. Das Backblech mit Frischhaltefolie abdecken und die Monster noch etwa eine Stunde gehen lassen, bis sie doppelt so groß geworden sind.
14. Kurz vor Ende der Gehzeit den Backofen auf 190 °C vorheizen. **ABB. 15.**
15. Für eine glänzende Eistreiche 1 Ei verquirlen und die Monster damit bestreichen (optional). **ABB. 16.**
16. Schaut euch noch einmal den Gefrierbeutel an und wie viel Gase die Hefe darin produziert hat. Öffnet den Beutel, lasst die Gase entweichen und entsorgt ihn. **ABB. 15.**
17. Die Monster im Ofen 15–20 Minuten hellbraun durchbacken. Genießt das Ergebnis. **ABB. 16.**

DIE WISSENSCHAFT HINTER DEM SPAß

Backhefe heißt in der Wissenschaft *Saccharomyces cerevisiae*. Unter dem Mikroskop sieht sie ballonartig aus, und man kann kleine Narben erkennen, wo sich neue Hefezellen abgespalten haben. *Saccharomyces* bedeutet »Zuckerpilz«. Backhefe ist also eine **Pilzart**.

Dank dieser Hefe backen die Menschen seit mehr als 4000 Jahren Brot. Hefezellen benötigen Energie zum Wachsen. Sie ernähren sich furchtbar gerne von Zucker und Stärke, wie die im Brotmehl. Wachsende Hefezellen produzieren Kohlendioxid. Dieses Gas bläht auch den Gefrierbeutel in diesem Versuch auf.

Im Brotteig bildet Kohlendioxid Bläschen, die das Brot aufgehen lassen. Sie zerplatzen beim Backen und hinterlassen winzige Löcher, die du im Brot erkennen kannst. Die hier verwendete Trockenhefe wächst erst durch die Zugabe von Wasser.

ABB. 1 Hilfsmittel

ABB. 2 Vermischt Butter, Zucker und Salz.

ABB. 3 Arbeitet 2 Eier ein.

ABB. 4 Rührt warme Milch ein.

ABB. 5 Fügt Mehl und Hefe hinzu.

ABB. 6 Vermengt das Ganze zu einem klebrigen Teig.

ABB. 7 Stürzt den Teig auf ein bemehltes Backpapier.

ABB. 8 Knetet den Teig etwa 5 Minuten.

ABB. 9 Deckt den Teig mit Frischhaltefolie oder einem feuchten Tuch ab und lasst ihn gehen.

ABB. 10 Während der Teig aufgeht, füllt in einen Gefrierbeutel mit Zippverschluss Wasser, Trockenhefe und Zucker.

ABB. 11 Luft herausdrücken und den Beutel neben die Schüssel legen.

ABB. 12 Nach 45 Minuten den Teig fest drücken und Gase entweichen lassen. Schaut euch auch den Beutelinhalt an.

ABB. 13 Formt den Teig zu 12 kleinen Kugeln.

ABB. 14 Nun gestaltest du sie zu Monstern und kannst eine Eistreiche draufgeben.

ABB. 15 Prüft den Gefrierbeutel, lasst das Kohlendioxid entweichen, damit er nicht platzt, und entsorgt ihn.

ABB. 16 Die Hefemonster im Ofen (190 °C) backen und dann genießen.

VERSUCH 15

KALEIDOSKOP-EIER

Kreiert mithilfe von Lebensmittelfarbe und Essig bunte Muster auf hart gekochten Eiern.

HILFSMITTEL

1 rohes Ei
Backblech
weiße Eier, hart gekocht (Alternativ braune Eier 15 Minuten in Essig einlegen und dann mit Küchenpapier abreiben, damit die Schale aufhellt.)
Essig
Küchentücher
Löffel
Lebensmittelfarbe nach Wahl
Gummibänder (optional)
grobes Salz
Einweghandschuhe (optional)
Schüssel
Wasser

SICHERHEITSHINWEISE UND TIPPS

- Die Einweghandschuhe schützen eure Hände vor dem Einfärben.
- Neon-Lebensmittelfarbe eignet sich besonders gut für dieses Experiment.

ANLEITUNG

1. Testet mal die Stärke einer Eierschale. Dafür 1 rohes Ei über dem Backblech in einer Hand so fest wie möglich drücken. Wahrscheinlich könnt ihr es so gar nicht zerdrücken. (Ringe vorher ablegen.)
2. Bedeckt mehrere hart gekochte Eier in einer Schüssel 15 Minuten mit Essig. Beobachtet, wie Bläschen aus Kohlendioxid bei der Reaktion mit dem Essig an der Schale entstehen. **ABB. 2.**
3. Legt das Backblech mit Küchentüchern aus. **ABB. 3.**
4. Hebt mithilfe eines Löffels die Eier aus dem Essig und legt sie auf das Küchenpapier. Tropft die Lebensmittelfarbe auf die Eier. **ABB. 4.**
5. Für kreative Linien könnt ihr die Eier mit Gummibändern umwickeln. An diese Stellen gelangt dann keine Lebensmittelfarbe. **ABB. 5.**
6. Kreiert mit Lebensmittelfarbe unterschiedliche Farbmuster. Dreht das Ei mithilfe eines Löffels, wenn ihr die Unterseite färben möchtet.
7. Streut grobes Salz auf einige der eingefärbten Eier und beobachtet, was passiert. **ABB. 6.**
8. Lasst die Lebensmittelfarbe etwa 30 Minuten einwirken.
9. Einweghandschuhe (optional) anziehen. Füllt eine Schüssel mit Wasser und taucht die Eier ein, um überschüssige Farbe abzuwaschen. Die Eier auf Küchenpapier trocknen lassen. **ABB. 7.**
10. Die Lebensmittelfarbe haftet an der Schale, weil sie ein Säurefarbstoff ist. Der Essig trägt als Säure zusätzlich dazu bei, dass die Farbe fixiert wird.
11. Pellt die Kaleidoskop-Eier: Ist die Farbe durch die Schale gedrungen?

DIE WISSENSCHAFT HINTER DEM SPAß

Hühnereier sind fragil und gleichzeitig unglaublich stabil. Das ist wichtig für die wachsenden Küken. Eier müssen stark genug sein, damit Hennen darauf sitzen können. Aber auch zerbrechlich genug, damit Küken sich freipicken können. Dank ihrer gewölbten Form und ihrer kristallinen Struktur erfüllen Eierschalen beide Anforderungen.

Eierschalen bestehen aus der Verbindung zweier chemischer Elemente – Kalzium und Kohlenstoff verbinden sich zu kristallinem Kalziumkarbonat. Wenn Essig (Essigsäure) hinzugefügt wird, brechen die Kristalle auf. Ein Ergebnis dieser Reaktion sind die Kohlendioxidblasen, die du in diesem Versuch sehen konntest.

Das Einlegen der Eier in Essig macht die Schalen sauer. Lebensmittelfarbe ist ein **Säurefarbstoff**, dessen Farbstoffmoleküle vom Essig an die Schale gebunden werden. Salz ist eine hygroskopische (wasserbindende) Chemikalie, die der Eierschale die Feuchtigkeit entzieht. So entstehen die hellen Stellen auf der bunten Oberfläche.

ABB. 1 Hilfsmittel

ABB. 2 Bedeckt hart gekochte Eier mit Essig.

ABB. 3 Das Backblech mit Küchenpapier auslegen.

ABB. 4 Legt nach 15 Minuten die Eier auf das Küchenpapier und tropft die Lebensmittelfarbe auf die Schale.

ABB. 5 Für ein Linienmuster die Eier zuvor mit Gummibändern umwickeln.

ABB. 6 Streut Salz auf einige Eier und beobachtet die Reaktion.

ABB. 7 Wascht die gefärbten Eier kurz in einer Schüssel mit Wasser ab und lasst sie dann auf Küchenpapier trocknen.

ABB. 8 Essig ist eine Säure, die Lebensmittelfarbe an die Eierschale bindet.

MATERIELLES

Streusel, Gelatine und Schleim

Ein Material ist ein sogenannter Werkstoff, aus dem unzählige Dinge hergestellt werden – das können Häuser, Autos und Computer sein aber auch eine leckere Nachspeise. Der Begriff »Material« wird meist zur Beschreibung von Festkörpern verwendet, kann aber auch für andere nützliche Objekte verwendet werden.

Materialwissenschaftler*innen untersuchen die verschiedenen Eigenschaften dieser Stoffe. Sie interessieren sich dafür, wie diese Eigenschaften durch die Struktur und den Aufbau eines Materials bestimmt werden. So hilft es, uns zu verstehen, wie gut ein Material Strom oder Wärme leitet, wie flexibel es ist oder wie es auf Schallwellen reagiert.

In diesem Kapitel werdet ihr mit einigen nützlichen Materialien experimentieren, darunter Salz, Gelatine, Kristalle und Zuckerstreusel. Überlegt dabei, wo sich diese Materialien am besten einsetzen lassen. Kann Schleim, etwa aus Maisstärke, vielleicht hart wie Stein werden? Und warum ist es gut zu wissen, wie Schallwellen mit unterschiedlichen Materialien reagieren oder wie Salz Eis beeinflusst?

VERSUCH 16

MAISSTÄRKE-SCHLEIM

CHAOSFAKTOR	SCHWIERIGKEIT
hoch	*niedrig*

Rührt euch etwas von dieser sonderbaren Masse an, die sowohl flüssige als auch feste Eigenschaften hat.

HILFSMITTEL

Schüssel
Backblech
Löffel (optional)
128 g Maisstärke
120 ml Wasser
Wasserfarben (optional)
Pinsel (optional)

SICHERHEITSHINWEISE UND TIPPS

- Damit der Schleim das gesamte Backblech füllt, müsst ihr die Mengen verdoppeln oder verdreifachen.
- Die Überbleibsel des Versuchs lassen sich ganz einfach mit Wasser abwaschen.

ANLEITUNG

1. Stellt die Schüssel auf das Backblech.
2. Vermischt in der Schüssel mit dem Löffel oder per Hand die Maisstärke mit dem Wasser. Das Ganze sollte die Konsistenz von dickem Sirup haben; ggf. mehr Wasser oder mehr Stärke hinzufügen. **ABB. 2.**
3. Gießt den Stärkeschleim auf das Backblech. **ABB. 3.**
4. Rollt in euren Händen ein bisschen von der Masse zu einer Kugel. **ABB. 4.**
5. Stoppt und lasst die Masse durch eure Finger rinnen. **ABB. 5.**
6. Beobachtet, was passiert, wenn ihr mit der flachen Hand darauf schlagt. **ABB. 6–7.**
7. Malt auf dem Schleim, um zu testen, ob die Farbe an Ort und Stelle bleibt oder sich nach und nach ausbreitet. **ABB. 8.**

DIE WISSENSCHAFT HINTER DEM SPAß

Die meisten Flüssigkeiten und Feststoffe verhalten sich so, wie wir es von ihnen erwarten. Feststoffe bleiben beim Drücken, Schieben und Schütteln fest. Flüssiges fließt und nimmt die Form der Behältnisse an, in die es gefüllt wird. Einige Flüssigkeiten, man nennt sie nicht-newtonsche Flüssigkeiten, verhalten sich jedoch anders.

Maisstärke und Wasser ergeben zusammen ein Fluid, das in der Wissenschaft als **scherfest** bezeichnet wird. Bei Bewegung oder Erschütterung, wie mit der Hand darauf schlagen, ordnen sich die Atome in der Maisstärke neu an und der Schleim verhält sich eher wie ein Feststoff. Das gleiche passiert, wenn Ihr ihn zusammendrückt, umrührt oder rollt. Lasst ihr den Schleim jedoch auf eurer Handfläche liegen, wird er zwischen euren Fingern hinuntertropfen, wie eine Flüssigkeit.

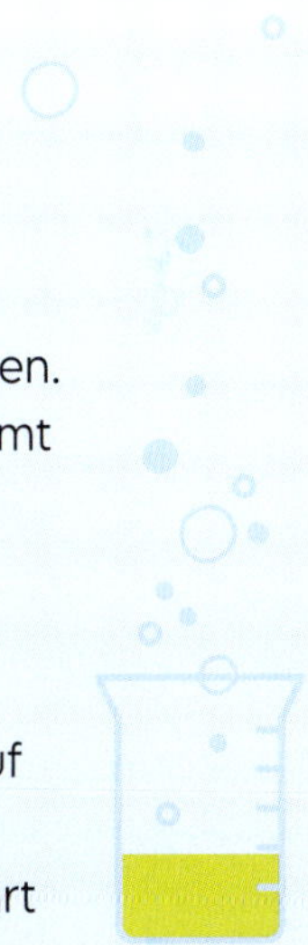

ABB. 1 Hilfsmittel

ABB. 2 Gießt Wasser in die Maisstärke.

ABB. 3 Verrührt die Masse gründlich und gebt sie auf ein Backblech.

ABB. 4 Rollt den Schleim zu einer Kugel, lasst ihn dann wieder durch die Finger gleiten.

ABB. 5 Beobachtet die langen Fasern, die diese Flüssigkeit zieht.

ABB. 6 Klatscht mal auf den Schleim – spritzt er?

ABB. 7 Wird die Mischung zu trocken, mischt noch etwas mehr Wasser unter.

ABB. 8 Malt den Schleim mit den Wasserfarben an und macht so ein Kunstwerk daraus.

VERSUCH 17

KRISTALL-GARTEN

CHAOSFAKTOR *mittel*

SCHWIERIGKEIT *niedrig*

Legt mithilfe einer übersättigten Bittersalzlösung einen Garten aus glitzernden Kristallen an.

HILFSMITTEL

mehrere kleine breite (Einmach-)Gläser oder abgeschnittene Plastikflaschen
Schere (optional)
Backblech
860 g Bittersalz
475 ml Wasser
großer mikrowellengeeigneter Behälter oder Topf
Pfeifenreiniger oder kleine Wattebäusche (optional)
Holzstäbchen, halbiert
grüne Lebensmittelfarbe
Lupe oder Fotoapparat (optional)

SICHERHEITSHINWEISE UND TIPPS

- Beim Auflösen des Salzes in Wasser sollte ein Erwachsener dabei sein.
- Die Bittersalzlösung solltet ihr erst lauwarm abkühlen lassen, bevor ihr sie umgießt.
- Für diesen Versuch eignet sich auch ein kleineres Blech.

ANLEITUNG

1. Schneidet die Plastikflaschen oben ab, sodass sie noch 5–6 cm hoch sind. **ABB. 2.**
2. Stellt diese Flaschen oder Gläser auf das Backblech.
3. Schüttet das Bittersalz in das Wasser. In der Mikrowelle oder auf dem Herd erhitzen, bis die Mischung durchsichtig ist und sich das Salz aufgelöst hat. **ABB. 3.**
4. Lasst die Mischung lauwarm abkühlen.
5. Währenddessen kleine Blumen aus Pfeifenreinigern mit etwa 15 cm langen Stängeln basteln. Die Watte könnt ihr in die Blütenblätter drücken. Die Blumen sollten noch gut in die Gläser/Flaschen passen. **ABB. 4.**
6. Befestigt die Blumen an den Spießen, sodass sie kopfüber etwa 1 cm über dem Glas-/Flaschenboden hängen.
7. Gießt die abgekühlte Bittersalzlösung in die Behälter, sodass die Blüten bedeckt sind, aber nicht die Stängel. Gießt die restliche Lösung auf das Backblech. **ABB. 5.**
8. Tropft die grüne Lebensmittelfarbe auf die Salzlösung im Backblech, sodass »Gras« im Garten wächst. **ABB. 6.**
9. Den Garten mehrere Stunden ruhen lassen, dabei etwa halbstündlich nachsehen, wie die Kristalle wachsen.
10. Haben sich an den Blüten lange, nadeldünne Kristalle entwickelt, dann nehmt die Blumen vorsichtig aus den Behältern. Die Stängel um die Spieße winden. Die Blumen mit den Blüten nach oben in die Behälter setzen. **ABB. 7–8.**
11. Untersucht die Kristalle unter der Lupe, oder fotografiert die Kristallblüten mit der Makro-Einstellung.

DIE WISSENSCHAFT HINTER DEM SPAß

Bittersalz enthält die Chemikalie Magnesiumsulfat. Erhitzt man Wasser und löst Bittersalz darin auf, entsteht eine sogenannte übersättigte Lösung – das heiße Wasser nimmt mehr Salz auf als bei Zimmertemperatur.

Beim Abkühlen der Lösung heften sich einige der Moleküle vom Magnesiumsulfat an die Borsten der Pfeifenreiniger. Andere kommen dazu, wie bei einem Puzzle. Und so entsteht ein dreidimensionales Muster, ein **Kristall**. Immer mehr Salzmoleküle hängen sich an, und die Kristalle werden immer größer. Sie haben alle denselben Bauplan, aber unterschiedliche Größen.

Das Salz auf dem Backblech bildet auch nadelähnliche Kristalle aus, doch diese ergeben am Boden ein hübsches flaches Mosaik.

ABB. 1 Hilfsmittel

ABB. 2 Kappt die Plastikflaschen oben für kleine durchsichtige Behälter.

ABB. 3 Löst das Bittersalz in Wasser auf.

ABB. 4 Bastelt aus den Pfeifenreinigern Blumen und hängt diese mithilfe von Spießen in die Behälter.

ABB. 5 Bedeckt mit der Bittersalzlösung die Blüten in den Behältern. Gießt die restliche Flüssigkeit auf das Blech.

ABB. 6 Verteilt tröpfchenweise grüne Lebensmittelfarbe auf dem Backblech, damit »Kristallgras« im Garten wächst.

ABB. 7 Holt die fertig gewachsenen Kristallblumen aus den Behältern.

ABB. 8 Die Stängel um die Spieße wickeln und so einen Kristallblumenstrauß kreieren.

VERSUCH 18

EISFISCHEN

Fangt mit Faden und Salz so viele Eiswürfel wie möglich.

CHAOSFAKTOR *niedrig* | **SCHWIERIGKEIT** *niedrig*

HILFSMITTEL

Stäbchen
Etwa 15 cm langes Küchengarn
Wasser
Backblech
Eiswürfel
Salz

SICHERHEITSHINWEISE UND TIPPS

Ihr braucht fürs Eisfischen ein bisschen Übung. Nicht aufgeben, wenn es also beim ersten Mal nicht funktioniert.

ANLEITUNG

1. Knotet das Küchengarn an einem Ende des Stäbchens fest, und schon habt ihr eine kleine »Angel«. **ABB. 2.**
2. Gießt auf das Backblech etwas Wasser, sodass ein »Teich« entsteht. **ABB. 3.**
3. Gebt mehrere Eiswürfel in das Wasser. **ABB. 4.**
4. Tränkt die Schnur der »Angel« mit Wasser. **ABB. 5.**
5. Versucht, einen Eiswürfel zu angeln, indem ihr die Schnur einfach drauflegt und an der Angel zieht.
6. Legt die Schnur über mehrere Eiswürfel und bestreut alles großzügig mit Salz. **ABB. 6.**
7. Wartet 1–2 Minuten, dann die Angel vorsichtig anheben. Und, habt ihr Eis gefangen? **ABB. 7-8.**

DIE WISSENSCHAFT HINTER DEM SPAß

Tafelsalz besteht aus der Chemikalie **Natriumchlorid**. Wir Menschen nutzen es seit Jahrtausenden. Vor der Erfindung von Kühlschrank & Co. war das Einsalzen eine der wenigen Methoden, Nahrungsmittel haltbar zu machen. Heute brauchen wir Salz zum Abschmecken, aber im Labor auch zur Isolation von DNS oder um im Winter die Straßen von Schnee zu befreien.

Normalerweise schmilzt Eis ab 0 °C oder Wasser friert. Glücklicherweise senkt Salz diesen Temperaturpunkt. Natriumchlorid und andere Salze können also auf den Straßen verstreut werden, um das Eis zu schmelzen, wenn die Temperaturen unter 0 °C liegen.

In diesem Versuch streut ihr Salz auf Eiswürfel, auf denen eine Schnur liegt. Das Salz lässt das Eis unter der Schnur schmelzen und entzieht dem umliegenden Wasser Wärme. Das kalte, gerade geschmolzene Wasser friert wieder an der Schnur fest. So umschließt Eis bald die Schnur und ihr könnt die Eiswürfel herausziehen.

Chemikalien verändern den Gefrierpunkt von Wasser bei unterschiedlichen Temperaturen: Während Tafelsalz Eis bei -9 °C schmelzen lassen kann, funktioniert das bei –18 °C nicht mehr. Andere Enteisungschemikalien können Eis sogar bei bis zu –23 °C schmelzen lassen.

ABB. 1 Hilfsmittel

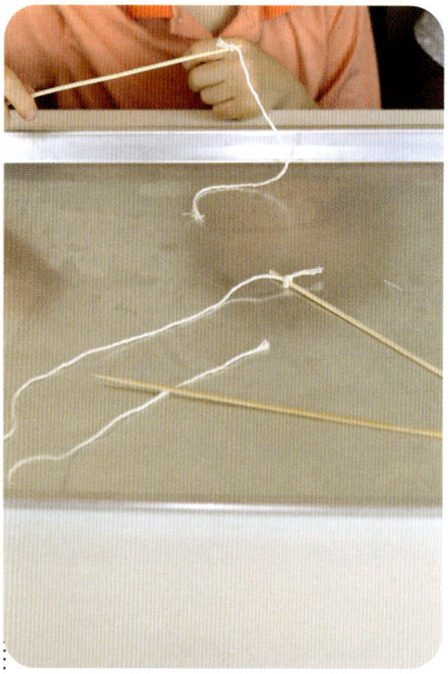

ABB. 2 Bastelt »Angeln« aus Garn und Stäbchen.

ABB. 3 Gießt Wasser auf ein Backblech.

ABB. 4 Verteilt Eiswürfel darauf.

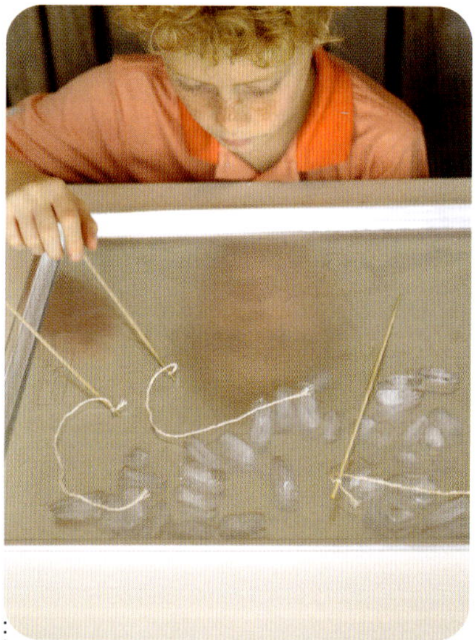

ABB. 5 Tränkt das Küchengarn mit Wasser und legt es über einige Eiswürfel.

ABB. 6 Bestreut das Garn und die Eiswürfel großzügig mit Salz.

ABB. 7 Erst 1–2 Minuten warten, dann die Angel langsam hochheben.

ABB. 8 Salz bringt das Eis zum Schmelzen, das Wasser gefriert dann aber wieder um die Schnur herum.

VERSUCH 19

SCHRUMPFENDE FENSTERBILDER

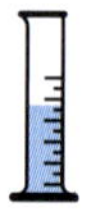

CHAOSFAKTOR
mittel

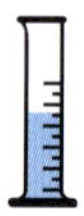

SCHWIERIGKEIT
mittel

Fertigt bunte Fensterbilder an, die beim Trocknen schrumpfen. Beobachtet, wie sich die Moleküle der Lebensmittelfarbe in der Gelatine ausbreiten.

HILFSMITTEL

1 l Wasser
Mikrowelle oder Herd
mikrowellengeeigneter Behälter oder Topf zum Aufkochen des Wassers
6 x 4 g Gelatinepulver
Löffel
Backblech
Besteckmesser
Backpapier
breiter Spatel
kleine einfache Keksausstecher
Zahnstocher
Lebensmittelfarbe nach Wahl
Lineal (optional)

SICHERHEITSHINWEISE UND TIPPS

- Beim Auflösen der Gelatine in heißem Wasser sollte ein Erwachsener dabei sein.
- Die Rezeptmenge gilt für ein großes Backblech.
- Vielleicht braucht ihr noch Hilfe beim Umfüllen der Gelatine auf das Backpapier.
- Die Keksausstecher sollten wirklich einfach und schnörkellos sein, denn Gelatine ist leicht zerbrechlich.

ANLEITUNG

1. Das Wasser in der Mikrowelle oder auf dem Herd zum Kochen bringen. Löst die Gelatine im heißen Wasser unter gründlichem Rühren auf. Vielleicht muss das Ganze noch mal kurz in die Mikrowelle. Entfernt große Blasen mithilfe eines Löffels. **ABB. 2.**
2. Lasst die Gelatine auf Zimmertemperatur abkühlen und gießt sie auf ein Backblech (1 cm hoch).
3. Die Gelatine fest werden lassen.
4. Schneidet mithilfe eines Besteckmessers die Gelatine in Quadrate, die ausreichend groß sind für die Ausstecher. **ABB. 3.**
5. Gießt in die Schnitte etwas Wasser, das versickert. So könnt ihr die Stücke besser vom Blech lösen. **ABB. 4.**
6. Ein zweites Blech (oder einen Teller) mit Backpapier auslegen.
7. Legt mithilfe des Spatels oder mit den Fingern die Gelatinestücke vorsichtig auf das Backpapier.
8. Stecht die Gelatine aus, entsorgt die Überbleibsel. **ABB. 5.**
9. Taucht die Zahnstocher in Lebensmittelfarbe und stecht dann die Gelatine damit leicht ein. So entstehen hübsche Muster. Ihr solltet jedoch nicht ganz durchstechen. **ABB. 6.**
10. Die Gelatineformen vom Backpapier abheben und an ein Fenster drücken. **ABB. 7.**
11. Schaut euch die Fensterbilder alle paar Stunden an: Seht ihr, wie die Farbe sich ausbreitet? Haltet eure Beobachtungen fest. Gibt es Farben, die sich schneller verbreiten?
12. Seht jeden Tag nach den Fensterbildern: Was passiert, wenn das Wasser weiter verdunstet? Nehmt die getrockneten Bilder vom Fenster ab. **ABB. 8.**
13. Sollen sie wieder weich werden, braucht ihr sie nur in etwas Wasser einzulegen.

DIE WISSENSCHAFT HINTER DEM SPASS

Wenn Gelatine erhitzt und in Wasser aufgelöst wird, verhält sie sich wie eine Flüssigkeit. Beim Abkühlen jedoch bildet sich ein wackeliges, klebriges Gel. Durch diese Verteilung winziger Partikel im Wasser entsteht ein **Hydrokolloid**. Verdunstet das Wasser mit der Zeit, wird die Gelatine wieder fester.

Wenn ihr Lebensmittelfarbe in die verfestigte Gelatine gebt, beginnt der Farbstoff, sich von Bereichen mit viel Lebensmittelfarbe zu Stellen mit weniger Lebensmittelfarbe zu bewegen. Wissenschaftlich: **Diffusion**. Viele Dinge können beeinflussen, wie schnell sich Chemikalien von einem Ort zum anderen bewegen. Diffusion findet in Gasen wie Luft, Flüssigkeiten wie Wasser und sogar in Festkörpern statt.

Wenn Moleküle erhitzt werden, bewegen sie sich schneller, während sie sich bei kühlen Temperaturen langsamer ausbreiten. Kleine Moleküle können sich schneller durch Gelatine bewegen als große. Deshalb bewegen sich manche Farben, die kleinere chemische Farbstoffe enthalten, schneller durch die Gelatine als Farben, die aus größeren chemischen Einheiten bestehen.

ABB. 1 Hilfsmittel

ABB. 2 Verrührt die Gelatine in kochendem Wasser. Gießt sie dann auf ein Backblech.

ABB. 3 Schneidet die fest gewordene Gelatine in größere Stücke.

ABB. 4 Gießt in die Schnittstellen Wasser, damit sich alles leichter vom Blech löst.

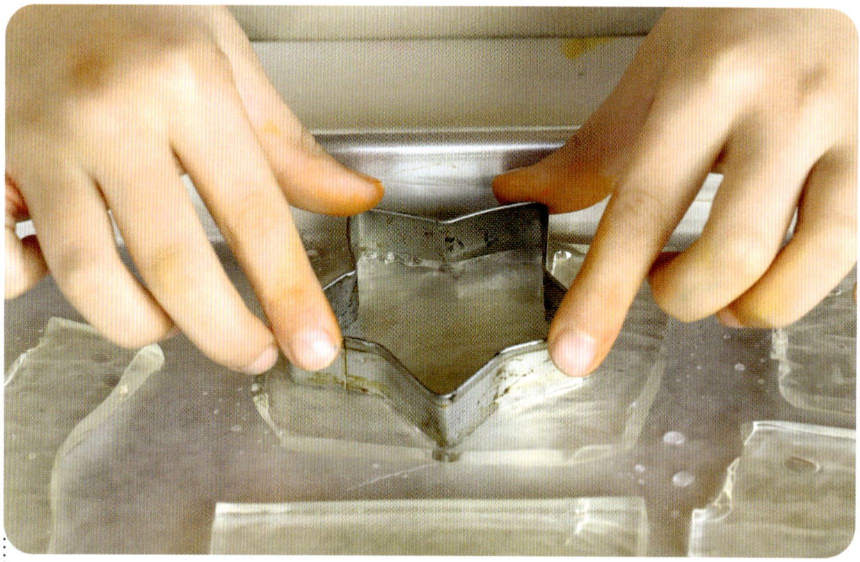

ABB. 5 Hebt mithilfe eines Spatels die Gelatinestücke vorsichtig vom Blech und legt sie auf Backpapier. Stecht dann Formen aus.

ABB. 6 Taucht Zahnstocher in Lebensmittelfarbe und stecht Muster in die Gelatine.

ABB. 7 Drückt die Gelatinebilder sanft an ein Fenster. Beobachtet, wie sich die Lebensmittelfarbe mit der Zeit verändert.

ABB. 8 Nehmt die getrockneten Fensterbilder wieder vom Fenster ab.

VERSUCH 20

TANZENDE STREUSEL

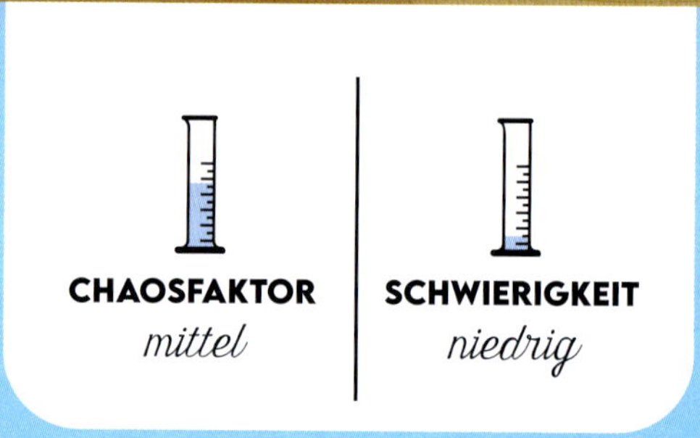

Bringt mithilfe von Schallwellen Zuckerstreusel zum Tanzen.

HILFSMITTEL

Webseite oder App, um Töne abzuspielen
Endgerät für obiges, das ihr an einen Lautsprecher anschließen könnt
kabelloser Lautsprecher
Plastikbehälter, in die der Lautsprecher hineinpasst
Backblech
Frischhaltefolie
Klebeband oder breites Gummiband
bunte Zuckerstreusel oder Sesamkörner
Wasser
Pipette (optional)

SICHERHEITSHINWEISE UND TIPPS

Denkt daran, den Lautsprecher vor dem Abdecken mit der Folie anzustellen und eine Verbindung mit dem Endgerät herzustellen.

ANLEITUNG

1. Öffnet die Webseite oder die App mit der ihr Töne generieren wollt. Wenn es einen Verschieberegler gibt, funktioniert das am besten.
2. Stellt einen kleinen kabellosen Lautsprecher an und koppelt ihn mit dem Abspielgerät. **ABB. 2.**
3. Stellt den Behälter auf das Backblech und legt den Lautsprecher hinein.
4. Mit Frischhaltefolie bedecken und mit Klebe- oder Gummiband befestigen. Die Folie sollte fest und glatt gespannt sein, wie bei einer Trommel. **ABB. 3.**
5. Verteilt die Zuckerstreusel oder die Sesamkörner auf der Folie. **ABB. 4.**
6. Spielt einen Ton bei mittlerer Lautstärke ab. Beginnt mit dem tiefsten Ton (der niedrigsten Frequenz, gemessen in Hertz). Spielt nach und nach höhere Töne ab. Beobachtet, was mit den Streuseln passiert. **ABB. 5.**
7. Notiert euch die Frequenzhöhe (in Hertz), bei der die Streusel am höchsten springen. **ABB. 6.**
8. Stellt Musik mit starken Bässen an und bringt die Zuckerstreusel zum Tanzen.
9. Nehmt die Streusel von der Folie und tropft stattdessen etwas Wasser darauf. **ABB. 7.**
10. Spielt wieder verschiedene Tonhöhen ab und schaut zu, wie die Schallwellen das Wasser beeinflussen. **ABB. 8.**
11. Notiert euch die Frequenz (in Hertz), bei der Schwingungen entstehen und die, bei der Wasser nach oben springt.
12. Vergleicht diese Zahlen: Wann tanzten die Streusel und wann das Wasser? Experimentiert mit Streuseln verschiedener Größe, um ihre Reaktionen auf unterschiedliche Tonhöhen zu testen.

DIE WISSENSCHAFT HINTER DEM SPAß

Wenn Luftmoleküle zusammengedrückt werden, entstehen wiederkehrende Druckwellen und Objekte beginnen in der Luft zu vibrieren. Diese Druckwellen heißen **Schall**. Elektrische Lautsprecher wandeln elektrische Energie in Schall um, indem sie mechanische Teile hin und her bewegen.

Die **Frequenz**, oder Tonhöhe, gibt die Anzahl der Wiederholungen einer Schalldruckwelle pro Sekunde an. Ein elektrischer Bass hat eine viel niedrigere Frequenz als eine Piccoloflöte. Frequenzen werden in Hertz (Hz) gemessen, der Anzahl der Druckwellen pro Sekunde, die sich an einem festen Punkt vorbeibewegen.

Jedes Objekt hat eine Eigenfrequenz, bei der es schwingen »will«. In diesem Versuch entstehen bei bestimmten Tonhöhen ausreichend Hertz, um die Streusel tanzen zu lassen und Wellenmuster im Wasser zu bilden.

Im Ohr geschieht das Gegenteil: Schallenergie wird in elektrische Signale umgewandelt. Das **Trommelfell** nimmt Schallwellen aus der Luft auf und vibriert. Diese Schwingungen gehen weiter an das Mittel- und dann an das Innenohr. Dort werden die Vibrationen in elektrische Signale umgewandelt, die an unser Gehirn geschickt werden.

ABB. 1 Hilfsmittel

ABB. 2 Koppelt einen kabellosen Lautsprecher mit einem Smartphone o. Ä.

ABB. 3 Legt den Lautsprecher in einen Behälter auf einem Backblech. Bedeckt ihn mit Folie und klebt diese mit Klebe-/Gummiband fest.

ABB. 4 Verteilt Streusel auf der Folie.

ABB. 5 Spielt verschiedene Tonhöhen ab und beobachtet, wie die Streusel reagieren.

ABB. 6 Springen sie höher bei Schallwellen von niedrigeren oder höheren Frequenzen?

ABB. 7 Entfernt die Streusel und gebt einige Tropfen Wasser auf die Folie.

ABB. 8 Wiederholt das Tonexperiment. Beobachtet die Wellenmuster im Wasser.

NATÜRLICHES

Samen, Blätter und Öko-Druck

In der Naturwissenschaft gibt es zwei grundlegende Sparten. Biowissenschaften untersuchen lebende Organismen, einschließlich Mikroorganismen, Pflanzen und Tiere, und die physischen Wissenschaften beschäftigen sich mit nicht-lebendiger Materie, wie Gestein und Chemikalien.

Beide Bereiche sind eng miteinander verbunden. Ohne unbelebte Materie wie Nährstoffe, Luft, Wasser und Gestein würde das Leben, wie wir es kennen, nicht existieren, und das allermeiste Leben hängt von der Energie der Sonne ab.

In diesem Kapitel experimentiert ihr mit Samen, Pflanzen und aus Pflanzen hergestellten Materialien wie Farbstoff und Papier. Es macht einen Riesenspaß, mit den bunten Farbstoffen, die von Pflanzen produziert werden (Pigmente), Stoffe einzufärben. Ihr lernt, wie unsere lebensspendende Sonne chemische Veränderungen in organischem Material, wie Papier, bewirken kann. Und wir lassen Sprossen aus Samen wachsen und erhalten so einen Einblick in einen der vielen wunderbaren Prozesse des Lebens auf der Erde.

VERSUCH 21
FARBENFROHE FÄRBERUNDE

Färbt Stoffe mithilfe von Alaun, schwarzen Bohnen und Zwiebelschalen in strahlenden Tönen ein.

HILFSMITTEL

große Schüsseln
Kochtopf
454 g getrocknete schwarze Bohnen
Wasser
mehrere Speisezwiebeln
großer ausrangierter Topf, der nicht mehr zum Kochen verwendet wird
Küchenwaage (optional)
Waschmittel (am besten Waschsoda)
53 g Alaun (Aluminiumsulfat), online oder im Gewürzregal im Supermarkt erhältlich
Essstäbchen oder ein alter Löffel zum Mischen des Alauns
Geschirrtücher (100 % Baumwolle), T-Shirts oder andere Stoffe (Wolle oder Seide eignen sich ebenfalls)
Gummihandschuhe
Zitrone (optional)
Backblech
Gummibänder oder Küchengarn
Pappkarton (optional)
»Eisen-Wasser« (optional, siehe Versuch 25)
Blätter
großer Stock oder dicker Stab für den Öko-Druck (optional)

SICHERHEITSHINWEISE UND TIPPS

- Dieses Projekt könnt ihr auch ohne Alaun durchführen und einfach nur mit den Farbstoffen arbeiten. Dann kann es allerdings zu unterschiedlichen Ergebnissen kommen.
- Alaun setzt in dem Topf, in dem ihr färbt, Aluminium frei. Ihr solltet mit diesem Topf keine Nahrungsmittel mehr zubereiten.
- Die Farbe aus den gelben Zwiebeln bleibt beim Waschen erhalten, die der schwarzen Bohnen verblasst blaugrau. Die rosafarbenen Zitronenspritzer werden weiß.

ANLEITUNG

FÜR DIE FARBE AUS SCHWARZEN BOHNEN

1. Bedeckt in einer großen Schüssel die schwarzen Bohnen mit Wasser und lasst sie sechs bis zwölf Stunden einweichen. Dabei Wasser ggf. nachgießen, die Bohnen sollten immer bedeckt sein. **ABB. 2.**
2. Gießt die Bohnen durch ein Sieb ab und fangt das blaue Wasser dabei auf. Mit den Bohnen könnt ihr noch etwas zu essen kochen.

FÜR DIE FARBE AUS SPEISEZWIEBELN

1. Zieht die gelb-orangenen Schalen mehrerer Zwiebeln ab.
2. Bedeckt die Schalen in einem Kochtopf mit Wasser und lasst sie etwa eine Stunde köcheln.
3. Durch ein Sieb abgießen und das Wasser auffangen.

FÜR DEN STOFF

1. Die zu färbenden Stoffe auf einer Waage abwiegen und das Gewicht notieren (optional).
2. Wascht die Stoffe mit Waschmittel oder Waschsoda und befreit so die Fasern von chemischen Rückständen.
3. Füllt einen ausrangierten Kochtopf zur Hälfte oder zu zwei Dritteln mit Wasser. Wenn ihr ohne Waage arbeitet, gebt das Alaun in das Wasser und bringt alles zum Köcheln. Wenn ihr das Gewicht der Stoffe kennt, rechnet folgendermaßen: Gewicht der Stoffe x 10 %. Diese Masse an Alaun abwiegen und in das Wasser rühren. Beispiel: Ihr habt 425 g Stoff x 10 % = 42,5 g Alaun.
4. Verrührt die Mischung und fügt die Stoffe hinzu. Etwa eine Stunde köcheln, dann abkühlen lassen.
5. Zieht die Gummihandschuhe an und hebt die Stoffe aus der Mischung, fest ausdrücken. Entweder zum Trocknen aufhängen oder gleich einfärben.
6. **Gleichmäßiges Einfärben:** Die mit Alaun getränkten Stoffe mindestens eine Stunde in dem Farbstoff einweichen und dann trocknen lassen. Für Zitronendruck 1 Zitrone halbieren und mit der Schnittfläche auf den mit Bohnenfarbe gefärbten Stoff drücken. Die Zitronensäure reagiert mit den Pigmenten im Farbstoff und der Stoff wird rosafarben. **ABB. 3.**
7. **Muster färben:** Legt den Stoff auf ein Backblech. In der Mitte hochnehmen und die hängenden Teile zu einer Spirale verdrehen. Mithilfe von 4 Gummibändern oder Küchengarn den Stoff zu einer Tortenform mit acht Stücken zusammenbinden. Auf dem Backblech liegend jedes oder jedes zweite Stück mit Farbstoff tränken: blau und gelb, blau und weiß oder gelb und weiß im Wechsel. **ABB. 4–5.**

8. **Für ein dreieckiges Batikmuster:** Faltet den Stoff zwei Mal der Länge nach in der Hälfte. Es entsteht ein schmales Stück Stoff. Klappt eine Ecke des Stoffes zu einem Dreieck um und faltet so weiter, bis ihr am Ende ein gefaltetes Dreieck hast. Schneidet aus Pappe zwei Dreiecke, die auf den Stoff passen. Legt auf jede Seite ein Pappdreieck und befestigt es mit Gummibändern oder Küchengarn am Stoff. Tränkt die freiliegenden Seiten des Stoffes auf dem Blech mit Farbstoff. **ABB. 6–7.**
9. Für die Batikfärbung den Stoff nun in Plastikfolie einwickeln. Auf dem Blech mehrere Stunden in der Sonne trocknen lassen. Alternativ könnt ihr den Stoff auch über Nacht bei Zimmertemperatur liegen lassen. Anschließend Plastikfolie, Pappe und Gummibänder entfernen. Faltet den Stoff auf und bestaunt die Muster. Lasst den Stoff trocknen. **ABB. 8.**
10. Diese Stoffe können gerahmt, ausgespült oder gewaschen werden. Mit schwarzen Bohnen und Zwiebeln gefärbte Stoffe beim ersten Waschen jedoch separat lassen. Denkt daran: Der gelbe Farbstoff bleibt, aber der blaue und der rosa Farbstoff aus den Bohnen werden blaugrau, wenn sie mit dem Waschmittel in Kontakt kommen.

BONUS-PROJEKT: ÖKO-DRUCK AUF MIT ALAUN GETRÄNKTER BAUMWOLLE ODER VORGEFÄRBTEN STOFFEN.

1. Stellt das rostbraune »Eisen-Wasser« (siehe Versuch 25) her. Auf knapp 4 l Wasser einige EL von dem »Eisen-Wasser« in einem alten Behälter vermischen.
2. Den Stoff flach auf dem Backblech ausbreiten.
3. Legt Blätter auf den Stoff. **ABB. 9.**
4. Durchtränkt ein zweites Stück Stoff komplett im »Eisen-Wasser«. **ABB. 10.**
5. Legt diesen Stoff auf den Stoff mit den Blättern. **ABB. 11.**
6. Wickelt beide Stoffe fest um einen Stock oder einen dicken Stab. Mit Küchengarn fest verschnüren. **ABB. 12–13.**
7. Färbt den Stoff nach Belieben. Wickelt das Ganze in Plastikfolie und legt es an einem heißen Tag in die Sonne. Wenn die Blätterdrucke dunkler werden sollen, müsst ihr die Rolle im Ofen dämpfen, wie im Versuch 25: Die Rolle auf ein Rost legen, dieses auf das Backblech stellen. Etwas Wasser ins Blech gießen. **ABB. 14.**
8. Wickelt den Stoff ab und bestaunt die aufgedruckten Blätter. Mehr zum wissenschaftlichen Hintergrund in Versuch 25. **ABB. 15–16.**

DIE WISSENSCHAFT HINTER DEM SPAß

Natürliche Farbstoffe werden seit dem Altertum zum Färben von Textilien verwendet. **Pflanzenfarbstoffe** sind organische (kohlenstoffhaltige) Chemikalien, die bestimmte Lichtwellen absorbieren und andere reflektieren. Wenn ein Stück Stoff gelb gefärbt ist, reflektiert es gelbe Lichtwellen und absorbiert alle anderen sichtbaren Farben, einschließlich Rot, Grün und Blau. Da das menschliche Auge nur reflektiertes Licht wahrnehmen kann, sehen wir ein gelbes Stück Stoff.
Ein **Beizmittel** wie Alaun (Aluminiumsulfat) ist eine Substanz, die sich mit Farbstoffen verbindet und sie auf einem Stoff fixiert. Wenn man Baumwolle in Alaunlösung einweicht, bildet sich eine schwache Verbindung zwischen dem Stoff und dem Alaun. Kommt der Farbstoff hinzu, entwickeln sich chemische Komplexe, die die Farbe am Stoff haften lassen.
Wenn bestimmte Farbstoffe, z. B. schwarzer Bohnenfarbstoff, mit Säure vermischt werden, reflektieren die enthaltenen Chemikalien Lichtwellen anders. Deshalb bekommt der violette Farbstoff eine andere Farbe, wenn man ihn wäscht oder mit Zitronen(-säure) stempelt.

ABB. 1 Hilfsmittel

ABB. 2 Schwarze Bohnen einweichen und Zwiebelschalen kochen, um Farbstoffe zu erhalten.

ABB. 3 Für kräftige Farben Baumwolle in Alaunlösung mehrere Stunden einweichen.

ABB. 4 Verdreht für Batikdruck die Stoffe spiralförmig.

ABB. 5 Fixiert den verdrehten Stoff mithilfe von Gummibändern und färbt die Tortenstücke unterschiedlich ein.

ABB. 6 Faltet den Stoff erst nach Akkordeontechnik und dann zu einem Dreieck.

ABB. 7 Belegt das Stoffdreieck oben und unten mit Kartonzuschnitten, befestigt sie mithilfe von Gummibändern. Farbstoff an den Seiten auftragen.

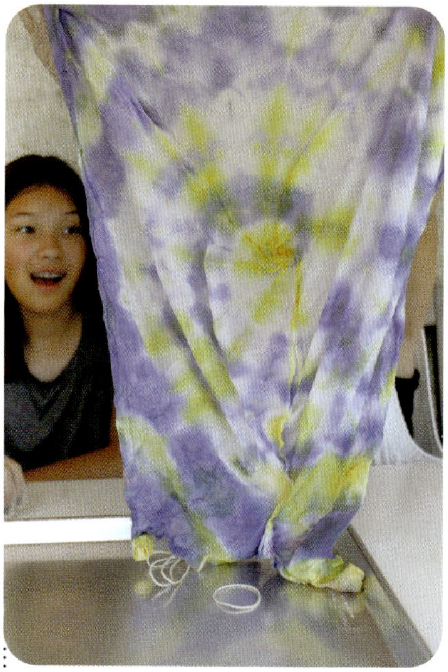

ABB. 8 Nach mehreren Stunden den Stoff auffalten.

ABB. 9 Für einen Öko-Druck ein Stück Stoff auf dem Backblech mit Blättern belegen.

ABB. 10 Tränkt ein zweites Stück Stoff in »Eisen-Wasser« (siehe Versuch 25), dann auswringen.

ABB. 11 Legt den so vorbereiteten Stoff auf die Blätter.

ABB. 12 Die Stoffe auf einen Stock oder Stab aufrollen.

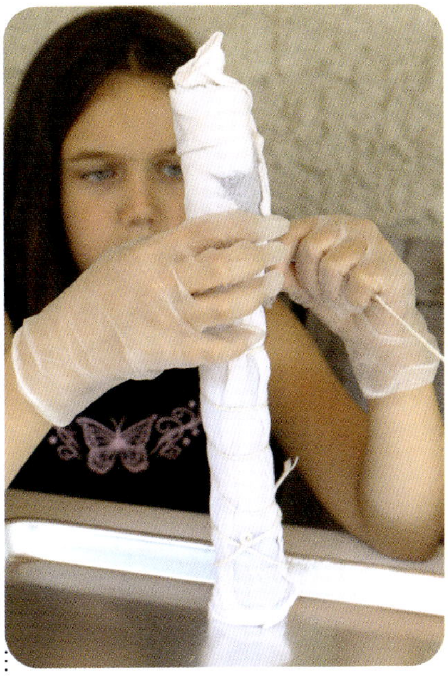

ABB. 13 Verschnürt alles fest mit Küchengarn oder Baumwollschnur.

ABB. 14 Den Stoff nach Belieben einfärben. In Frischhaltefolie gewickelt mehrere Stunden in die Sonne legen. Dämpft den Stoff für ein dunkleres Ergebnis ohne die Folie auf einem Rost (siehe Versuch 25).

ABB. 15 Wickelt den fertig gedruckten Stoff ab, entfernt die Blätter und betrachtet den Druck.

ABB. 16 Hängt die Stoffe zum Trocknen auf.

VERSUCH 22

SPROSSEN-GARTEN

CHAOSFAKTOR *mittel*

SCHWIERIGKEIT *niedrig*

Pflanzt lebendige Kunst auf einem Backblech an und erlebt dabei den Keimvorgang hautnah mit.

HILFSMITTEL

- Backblech
- Blumenerde
- Pflanzenschaufel oder großer Löffel
- Küchengarn oder Schnur
- Samen (am besten eine Mischung)
- Fotoapparat
- Papier und Bleistift
- Sprühflasche oder Gießkanne
- Lupe

SICHERHEITSHINWEISE UND TIPPS

Falls ihr essbare Sprossen verwendet, diese vor dem Verzehr gründlich waschen. Sie können Nährboden für Bakterien sein und eine Lebensmittelvergiftung hervorrufen.

ANLEITUNG

1. Bedeckt den Boden des Backblechs mit Blumenerde (1 cm hoch). **ABB. 2.**
2. Mithilfe von Küchengarn Muster auf der Erde auslegen. **ABB. 3.**
3. Legt die Samen in kleine Behälter und beschriftet diese mit der Samenart. **ABB. 4.**
4. Streut die Samen dicht an dicht auf die Erde, jede Art in einen eigenen abgetrennten Bereich eures Designs. **ABB. 5.**
5. Macht von dieser Verteilung ein Foto und erstellt mithilfe von Papier und Bleistift eine Übersicht: Was habt ihr wo gesät? **ABB. 6.**
6. Bedeckt die Samen mit einer Schicht Erde. **ABB. 7.**
7. Befeuchtet die Erde gleichmäßig mithilfe einer Sprühflasche oder Gießkanne.
8. Die Samen täglich befeuchten oder wenn die Erde trocken aussieht.
9. Beobachtet die Samen beim Wachsen. Haltet mithilfe der erstellten Übersicht Tag und Zeit fest, zu der jede Sprossenart aus der Erde kommt. **ABB. 8.**
10. Betrachtet mithilfe eines Fotoapparats oder einer Lupe die Sprossen von Nahem. Notiert ihre Form, Höhe und Farbe und deren Unterschiede.

DIE WISSENSCHAFT HINTER DEM SPAß

Samen enthalten Embryonen im Ruhezustand (inaktiv). Diese »Pflanzenbabys« brauchen besondere Impulse, damit sie »aufwachen« und sich entwickeln. Wenn ein Samen emporwächst und Blätter bildet, nennt man das **Keimung**. Licht, Luft und Wasser sind allesamt Impulse der Umwelt, die den Beginn der Keimung ermöglichen. Auch die Temperatur kann eine wichtige Rolle spielen.

Wie schnell die Samen in diesem Versuch keimen, hängt davon ab, wie gut sie die Bedingungen der Umgebung (Licht, Feuchtigkeit und Temperatur in der Erde sowie am Standort) annehmen. Manche Samen brauchen länger zum Keimen, weil sie eine dicke, zähe Samenschale haben, die sie bei Trockenheit schützt. Solche Samen vorher in Wasser einweichen, damit sie schneller keimen.

Beim Sprießen erhält die Pflanze alle benötigten Nährstoffe zunächst aus dem Samen. Der Keimling schrumpft, während die Pflanze wächst. Später ist sie auf Wurzeln und Blätter angewiesen, um benötigtes Wasser, Nährstoffe und Sonnenlicht aufzunehmen.

ABB. 1 Hilfsmittel

ABB. 2 Verteilt auf einem Backblech Blumenerde.

ABB. 3 Mithilfe von Küchengarn Muster auf der Erdschicht auslegen.

ABB. 4 Füllt die Samen in kleine, beschriftete Behälter.

ABB. 5 Streut die Samen dicht an dicht auf die Erde, pro Art ein Bereich des Designs.

ABB. 6 Macht von dieser Verteilung ein Foto und erstellt mithilfe von Papier und Bleistift eine Übersicht.

ABB. 7 Bedeckt die Samen mit einer dünnen Schicht Erde und befeuchtet sie.

ABB. 8 Beobachtet, wie lange die einzelnen Sprossen brauchen, um zu keimen und zu wachsen.

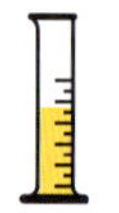

VERSUCH 23

SAMENPAPIER

Lernt, wie Papier hergestellt wird, indem ihr alltägliches Papier in Samenpapier verarbeitet, das in der Erde aufkeimt.

HILFSMITTEL

- kostengünstiges weißes, dickeres Papier, etwa Bastel- oder Aquarellpapier
- Schere oder Papierschredder
- Schüssel
- Wasser
- Standmixer
- Sieb mit flachem Boden
- Backblech
- Löffel
- Wildblumensamen- oder Sprossenmischung (im Garten gesammelt oder gekauft)
- mehrere Deckel von Einmachgläsern
- Kräuter (optional)
- Blütenblätter (optional)
- Backpapier (optional)

SICHERHEITSHINWEISE UND TIPPS

- Beim Mixen und Schreddern sollte ein Erwachsener dabei sein.
- Das Samenpapier sofort trocknen. Damit nichts schimmelt oder vorzeitig keimt, sollte das Samenpapier nicht in Plastikbeuteln verpackt werden.

ANLEITUNG

1. Zerkleinert das Papier mithilfe von Schere oder Papierschredder in Schnipsel.
2. In einer Schüssel die Schnipsel eine Stunde oder länger in Wasser einweichen.
3. Zermahlt die feuchte Papiermasse in einem Mixer mit etwas mehr Wasser. **ABB. 2.**
4. Stellt das Sieb auf das Backblech. Löffelt die Papiermasse in das Sieb und drückt jeweils das überschüssige Wasser aus. Gebt die Papiermasse in eine Schüssel (oder zwei).
5. Rührt die Samenmischungen in die Papiermasse. Legt einige Samen zu Dekozwecken beiseite. **ABB. 3.**
6. Legt Einmachglas-Deckel in das Sieb.
7. Presst die Papiermasse in die Deckel und stellt so Scheiben her. Dabei überschüssiges Wasser herausdrücken. Legt die Deckel auf das Backblech. **ABB. 4.**
8. Beiseitegelegte Samen aufstreuen, damit man sieht, welche Samen in der Scheibe enthalten sind. Kräuter- oder Blumenblätter können zudem als Deko hinzugefügt werden. **ABB. 5.**
9. Streut die restliche Papiermasse auf das mit Backpapier ausgelegte Backblech und verziert sie mit Blüten oder Blättern. **ABB. 6–7.**
10. Lasst das Samenpapier mehrere Tage trocknen. Löst die Scheiben aus den Deckeln der Einmachgläser.
11. Stanzt Löcher in die Samenpapiere, wenn ihr sie z. B. als Geschenkanhänger nutzen wollt.
12. Pflanzt die Samenscheiben in Blumenerde und wässert nach Bedarf. **ABB. 8.**

DIE WISSENSCHAFT HINTER DEM SPAẞ

Heutzutage wird das meiste Papier aus **Pflanzenfasern** hergestellt, die zerkleinert und zu dünnen Blättern gepresst werden. Hier verwendet ihr einen Mixer, um Papier mit Wasser breiig zu zermahlen. Es ist interessant zu sehen, wie die Papierfasern das Wasser aufnehmen, wodurch man sie neu formen kann, und wie sich der Brei verändert, wenn das Wasser verdunstet und die Fasern austrocknen.

Samen sind lebendig. Die unreifen Pflanzen sind von einer Hülle geschützt, bis Feuchtigkeit, Wärme und Sonnenlicht sie zum Keimen bringen. Da Samen alle benötigten Nährstoffe für die Entwicklung von Wurzeln, Sprossen und Blättern enthalten, schrumpfen die Samen, während die Jungpflanzen die darin enthaltene Energie verbrauchen.

Das Samenpapier von diesem Experiment schützt die Samen und hält sie trocken, bis man sie einpflanzt. Sobald die Samen keimen, bildet das Papier eine gute Grundlage für die Jungpflanzen, da es Feuchtigkeit aus der Erde speichert und sich die Wurzeln festsetzen können.

ABB. 1 Hilfsmittel

ABB. 2 Mixt zerkleinerte und feuchte Papierschnipsel. Wasser ausdrücken.

ABB. 3 Rührt die Samen unter die Papiermasse.

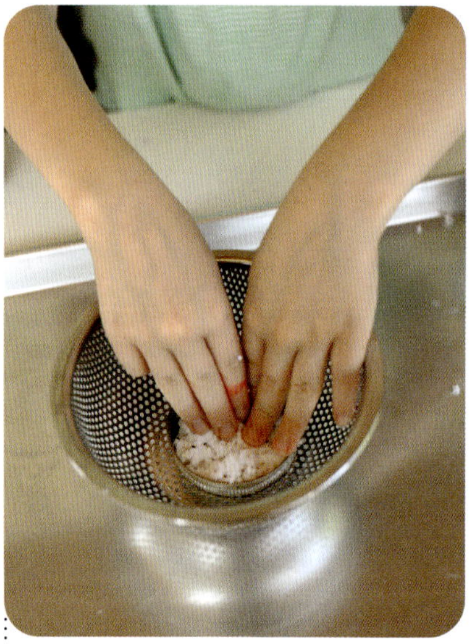

ABB. 4 Presst die Papiermasse in Deckel von Einmachgläsern, dabei mehr Wasser ausdrücken.

ABB. 5 Verziert das Papier mit Blüten- oder Kräuterblättern, je nach enthaltenen Samen.

ABB. 6 Übrig gebliebene Papiermasse könnt ihr auch flach auf das Backblech drücken und mit Blüten und Blättern dekorieren.

ABB. 7 Hübsches Papier ohne Samen könnt ihr im Backofen bei 77 °C schneller trocknen. Samenpapier dürft ihr nicht backen.

ABB. 8 Bedeckt das Samenpapier mit Erde und befeuchtet es, damit bald die Samen sprießen.

VERSUCH 24

SONNENDRUCKE

Erstellt Sonnendrucke, indem ihr die ultravioletten Strahlen des Sonnenlichts nutzt, um die Chemikalien im Bastelpapier zu zersetzen.

CHAOSFAKTOR *niedrig*

SCHWIERIGKEIT *niedrig*

HILFSMITTEL

Bastelpapier in strahlenden Farben (das billigste funktioniert meist am besten)
Backblech
Blätter oder Schablone
Frischhaltefolie
Klebeband (optional)
Steine (optional)

SICHERHEITSHINWEISE UND TIPPS

Dieser Versuch gelingt am besten an einem klaren Tag, wenn die Sonne direkt von oben einstrahlt.

ANLEITUNG

1. Legt zwei Seiten Bastelpapier auf ein Backblech. Meist funktionieren die Farben Blau, Grün, Rot und Schwarz sehr gut.
2. Verteilt die Blätter auf dem Papier und/oder legt die Schablone drauf. **ABB. 2–3.**
3. Bedeckt die Blätter und das Papier mit Frischhaltefolie. Diese mithilfe von Klebeband am Blech fixieren oder mit Steinen beschweren. **ABB. 4.**
4. Das Backblech mehrere Stunden in die Sonne stellen. **ABB. 5–6.**
5. Nach mehreren Stunden direkter Sonneneinstrahlung die Folie sowie die Blätter und/oder die Schablone entfernen, damit der Sonnendruck sichtbar wird. **ABB. 7.**
6. Die ultravioletten Strahlen des Sonnenlichts lassen die organischen Farbstoffe im Papier verblassen. Dort, wo das Papier bedeckt war, bleiben dunklere Abdrücke zurück. **ABB. 8.**
7. Führt den Versuch auch mal an einem bedeckten Tag durch und vergleicht die Ergebnisse.

DIE WISSENSCHAFT HINTER DEM SPAß

Die Sonne stößt Unmengen Energie aus. Ein Teil davon gelangt in Form von Lichtwellen auf die Erde. Wie Wellen auf einem See können auch Lichtwellen unterschiedliche Abstände haben. Rote Lichtwellen haben größere als violette. Beim **ultravioletten Licht** (UV) liegen die Wellen so nah beieinander, dass unser Auge sie nicht sehen kann.

Papier wird meist aus Pflanzenfasern hergestellt. Wenn farbiges Papier teilweise abgedeckt und dem Sonnenlicht ausgesetzt wird, zerstört UV-Licht die Farbstoffe im Papier. Dadurch entstehen hellere Farbflecke. Die abgedeckten Teile des Papiers sind vor UV-Licht geschützt, ändern also ihre Farbe nicht. Auch die Zellen in der menschlichen Haut können durch UV-Licht geschädigt werden. Deshalb verwenden wir Sonnenschutzmittel gegen das gesundheitsschädliche UV-Licht.

ABB. 1 Hilfsmittel

ABB. 2 Sammelt Blätter, sucht euch eine Schablone oder schneidet etwas aus Papier aus.

ABB. 3 Legt Bastelpapier auf das Backblech. Arrangiert darauf die Blätter und/oder die Schablone.

ABB. 4 Bedeckt alles mit Frischhaltefolie, die ihr am Backblech mit Klebeband befestigt oder mit Steinen beschwert.

ABB. 5 Stellt das Backblech in die Sonne.

ABB. 6 Das Papier mehrere Stunden in der Sonne stehenlassen.

ABB. 7 Entfernt die Folie. Hebt die Blätter und/oder Schablone ab und bringt den Sonnendruck zum Vorschein.

ABB. 8 An den dunkleren Bereichen erkennt ihr, wo das Papier vor der UV-Strahlung der Sonne geschützt geblieben ist.

VERSUCH 25

NATUR-KUNST

Kreiert aus »Eisen-Wasser« und Folie Blätterkunst.

HILFSMITTEL

Stahlwolle
Essig
Glasgefäß
Wasser
frische Laubblätter
Backofen
Plastikeimer
Ofenrost
Backblech
Schere
dickeres Papier, etwa Aquarellpapier
Handschuhe oder Zange
Küchenpapier
Ofenform mit einem schweren flachen Boden
Aluminiumfolie

MESS FACTOR *mittel*

SCHWIERIGKEIT *mittel*

SICHERHEITSHINWEISE UND TIPPS

- ✯ Eisen in hoher Konzentration ist giftig, ihr dürft das rostige Wasser also nicht trinken.
- ✯ Ein Erwachsener sollte das Backblech mit dem gedämpften Papier aus dem heißen Ofen holen.

ANLEITUNG

FÜR DAS ROSTIGE WASSERR

1. Tränkt ein Stück Stahlwolle in Essig. Herausnehmen und in einem Glas über Nacht rosten lassen. Beobachtet, wie die Temperatur in dem Glas während der chemischen Reaktion (eine Oxidation) ansteigt.
2. Gebt zu der rostigen Stahlwolle 1 EL Essig und füllt das Glas zur Hälfte mit Wasser.
3. Dieses konzentrierte rostige Wasser könnt ihr sofort einsetzen, oder ihr lasst es noch ein paar Tage ziehen, dann entwickelt sich noch mehr Rost.

FÜR DEN BLÄTTERDRUCK

1. Sammelt Blätter von Ahorn, Eiche oder Esche.
2. Heizt den Backofen auf 180 °C vor.
3. Vermischt in einem großen Behälter 120 ml Essig und 1,5 l Wasser.

4. Gießt die Hälfte der Essigmischung in einen zweiten Behälter und fügt 15 ml des rostigen Wassers für euer »Eisen-Wasser« hinzu.
5. Tränkt nun verschiedene Blätter mit dieser Mischung. **ABB. 2.**
6. Legt ein Rost auf das Backblech.
7. Das Papier so zurechtschneiden, dass es gut auf den Rost passt.
8. Die Blätter aus dem »Eisen-Wasser« heben und beiseitelegen. Tränkt mehrere Seiten des Papiers im »Eisen-Wasser« und weitere in der Essig-Wasser-Mischung von Schritt 3. **ABB. 3.**
9. Handschuhe anziehen oder mithilfe einer Zange ein Stück Papier komplett in die Essig-Wasser-Lösung tauchen. Auf das Rost legen und mit Küchenpapier abtupfen.
10. Verteilt einige der in »Eisen-Wasser« getränkten Blätter auf dem Essig-Papier, mit der glänzenden Seite nach unten. **ABB. 4.**
11. Tränkt ein zweites Stück Papier im »Eisen-Wasser« und legt es auf die Blätter. **ABB. 5.**
12. Das Ganze wiederholen, wenn ihr wollt. So entsteht ein Stapel aus Papier und Blättern, wobei ihr abwechselnd getränktes Papier aus Essig-Wasser- und »Eisen-Wasser«-Lösung verwendet.
13. Legt die Ofenform auf den Papierstapel. **ABB. 6.**
14. Füllt sie etwa 3 cm hoch mit Wasser.
15. Das Ganze mit Aluminiumfolie fest umwickeln und in den Ofen stellen.
16. 30 Minuten im Ofen backen lassen, um das Papier und die Blätter zu dämpfen. Den Ofen ausstellen und alles bei geschlossener Tür noch 30–60 Minuten stehen lassen. **ABB. 7.**
17. Das Ganze vorsichtig aus dem Ofen nehmen, die Folie entfernen und die Natur-Kunst enthüllen. **ABB. 8.**
18. Lasst die Drucke trocknen, wenn nötig mit einem schweren Gegenstand beschweren.

DIE WISSENSCHAFT HINTER DEM SPAß

Rosten ist eine chemische Reaktion, auch **Oxidation** genannt. Das passiert auch, wenn etwas verbrennt. Stahlwolle besteht größtenteils aus Eisen und ein wenig Kohlenstoff. Wenn der Wasserstoff und der Sauerstoff im Wasser mit Eisen in Kontakt kommen, entstehen rote und braune chemische Verbindungen, die Eisen und Sauerstoff enthalten, sogenannte **Eisenoxide**. Essig beschleunigt diese Reaktion.

Ein Laubblatt ist auf einer Seite mit einer wachsartigen Substanz überzogen. Die Unterseite zeigt winzige Löcher (Stoma). Durch sie können Wasser und Gase ein- und austreten. Blätter enthalten **Chlorophyll**, das ihnen hilft, Wasser, Sonnenlicht und Kohlendioxid in Energie umzuwandeln. Außerdem enthalten sie Chemikalien, sogenannte Tannine, die sich gut mit Papier, Eisen und Stoff verbinden.

In diesem Versuch reagieren die **Gerbstoffe** in den Blättern mit den Eisenverbindungen in rostigem Wasser. Wenn man das Rostwasser erhitzt und die Blätter auf Papier oder Stoff drückt, binden sich die Moleküle aus Eisen und Tanninen an das Papier. Es entstehen wunderschöne Bilder.

ABB. 1 Hilfsmittel

ABB. 2 Aus einigen EL Rostwasser, Wasser und Essig das »Eisen-Wasser« herstellen. Tränkt darin verschiedene Blätter.

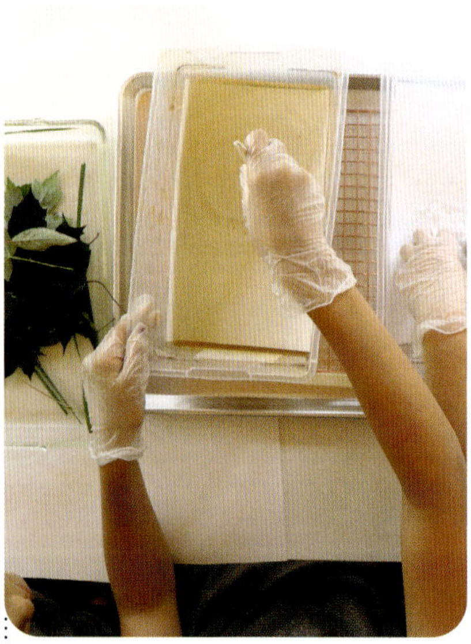

ABB. 3 Nehmt die Blätter heraus und legt sie beiseite. Einige Seiten dickes Papier im »Eisen-Wasser« tränken und einige Blätter in einer Essig-Wasser-Lösung.

ABB. 4 Legt ein essiggetränktes Papier auf ein Rost, das auf dem Backblech liegt. Die getränkten Blätter darauf mit der glänzenden Seite nach unten arrangieren.

ABB. 5 Ein mit »Eisen-Wasser« getränktes Papier darauflegen. Verteilt eine weitere Schicht Blätter darauf, so im Wechsel weiterschichten.

ABB. 6 Beschwert den fertigen Stapel mit einer flachen schweren Ofenform. Mit etwas Wasser befüllen.

ABB. 7 Wickelt das gesamte Backblech fest in Alufolie ein und backt alles 30 Minuten im Ofen, um das Papier zu dämpfen. Noch mindestens 30 Minuten nach dem Ausschalten ruhen lassen.

ABB. 8 Wenn das Ganze nur noch lauwarm ist, die Alufolie entfernen und den Stapel mit der Natur-Kunst auseinandernehmen. Die Drucke entstehen durch das Eisen im Wasser und die Tannine in den Blättern.

DANK

Bücher sind ein Gemeinschaftswerk, und ich bin all den talentierten Menschen, die dieses Buch gemacht haben, sehr dankbar.

Zunächst danke ich dem Team von Quarry Books: meinem langjährigen Lektor und Betreuer im Verlag Jonathan Simcosky, der Art-Direktorin Heather Godin, der Projektmanagerin und Lektorin Liz Weeks, der Senior-Marketing-Direktorin Angela Corpus, der Marketingmanagerin für Schulen und Bibliotheken, Mel Schuit, und dem gesamten Design- und Redaktionsteam.

Vielen Dank an meine brillante, fröhliche Literaturagentin Rhea Lyons.

Wie immer bin ich der Fotografin Amber Procaccini aus Minneapolis unendlich dankbar, dass sie die wissenschaftlichen Projekte und die Kinder so schön festgehalten hat.

Danke, Bridget, Cela, Declan, Divya, Django, Finola, Gunnar, Haakon, Julian, Kiran, Lachlan, Liam, Mark, Maura, Raina, Ravi und Scarlett, dafür, dass ihr so tolle Beispielwissenschaftler*innen seid. Nicht zuletzt danke ich meiner Familie und meinen Freunden – vor allem meinem Mann Ken, unseren Kindern Charlie, May und Sarah und unserem Hund Heidi, ein Deutsch Drahthaar, der zu jedem Fototermin einen Tennisball mitbringt.

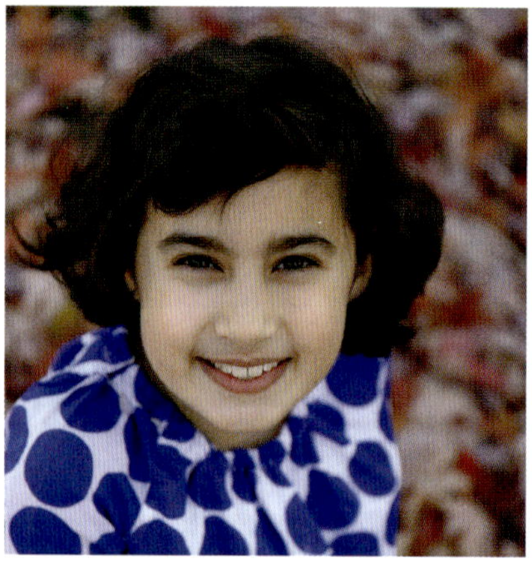

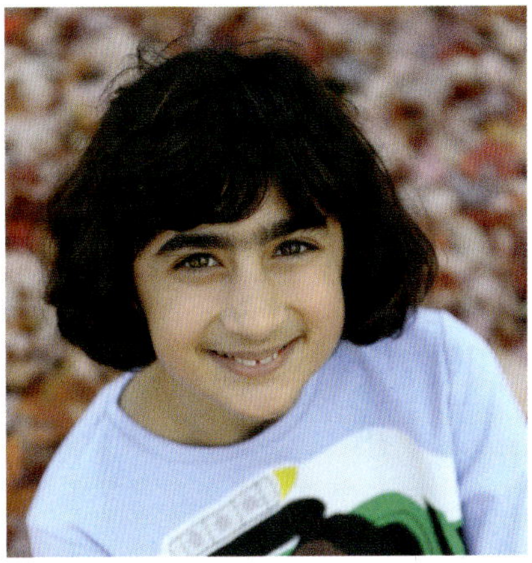

ÜBER DIE AUTORIN

LIZ HEINECKE liebt die Wissenschaft, seit sie ihren ersten Schmetterling ganz genau betrachtet hat. Nachdem sie zehn Jahre lang in der molekularbiologischen Forschung gearbeitet und ihren Master-Abschluss gemacht hatte, verließ sie das Labor, um als Mama und Hausfrau ein neues Kapitel in ihrem Leben aufzuschlagen. Schon bald teilte sie ihre Liebe zur Wissenschaft mit ihren drei Kindern. Auf ihrer pädagogischen Website *KitchenPantryScientist.com* hielt sie ihre wissenschaftlichen Abenteuer fest.

Ihre Begeisterung für die Wissenschaft wollte sie stets teilen, was sie zur Wissenschaftsvermittlung und zum Schreiben brachte. Dazu kamen regelmäßige Fernsehauftritte, Vorträge und Bücher.

An den meisten Tagen findet man Liz zu Hause in Minnesota, wo sie liest, schreibt, wissenschaftliche Experimente entwickelt, singt, Banjo spielt und die Aktivitäten ihrer Kinder begleitet. Liz absolvierte am Luther College, Iowa, einen Bachelor-Abschluss in Kunst und erwarb ihren Master-Abschluss in Bakteriologie an der University of Wisconsin.

DIE FOTOGRAFIN

AMBER PROCACCINI ist eine Fotografin (Werbung und Printmedien) aus Minneapolis, Minnesota, die sich auf das Fotografieren von Kindern, Babys, Lebensmitteln und Reisen spezialisiert hat. Ihre Leidenschaft für die Fotografie ist fast so groß wie die für die Suche nach dem perfekten Taco. Amber lernte Liz kennen, als sie ihr erstes Buch, *KitchenScience Lab for Kids*, fotografierte. Sie wusste, dass die beiden ein tolles Team abgeben, als sie sich bei Cornichons, Pastete und Brie kennenlernten. Wenn Amber nicht gerade mit den Augen rollende Teenager fotografiert oder Cheeseburger zum Anbeißen aussehen lässt, reist sie gerne mit ihrem Mann und sie genießen es, gemeinsam neue Abenteuer zu erleben.

REGISTER